GUIA DE VINÍCOLAS BRASIL & URUGUAY

Flávio Faria

WINERY GUIDE

TAPIOCA

RANKING COM 61 VINÍCOLAS PARA VOCÊ VISITAR

Guia de Vinícolas Brasil & Uruguay

Coordenação Editorial
Renato Cintra Guazzelli

Avaliações
Flávio Faria

Projeto Gráfico
Soter Design

Diagramação, capa e mapas
Cataldo Design

Revisão
Célio Brandão

Fotos de capa
Flávio Faria, Villaggio Grando

Fotos de miolo
Flávio Faria, Márcia Ferronato, Marcelo Henze (pág. 102), Farina Park Hotel, Kais Ismail (pág. 164), Hotel Casacurta, Vinícolas Leone di Venezia, Alma Única, Chandon, Milantino, Pizzato, Carrau, Família Geisse, Garzón, Luiz Argenta, Villaggio Grando, Kranz, Varela Zarranz, Antigua Bodega Stagnari, Marichal, Pizzorno, Bernardi, Edén.

Agradecimentos especiais
Ivane Fávero, Márcia Ferronato, Fátima Ortiz, Gilberto Durante, Arlete De Cesaro, Diego Bertolini, Gustavo Magariños

---

F224g

Faria, Flávio.
Guia de vinícolas Brasil & Uruguay / Flávio Faria. – São Paulo: Pioneira, 2017.
276 p.: il. color.

ISBN 978-85-69695-01-1

1. Vinos – Brasil e Uruguai – Guias. 2. Viagem e turismo – Brasil e Uruguai. 3. Vinho e vinificação. I. Título.

CDD: 641.2209469
CDU: 663.2(469)(05)

TAPIOCA

Rua Marina Ciufuli Zanfelice, 280
054040-000 São Paulo/SP – Brasil
contato@edicoestapioca.com.br
www.edicoestapioca.com.br

Vinos de Autor
VINHAS E VINHOS
LUIZ
RGENTA
VINHOS e ESPUMANTES
VIÑA
VARELA ZARRANZ
VINOS FINOS
MIOL
VITICULTORES DESDE
ILIA IRURTIA
Carmelo - Uruguay
1913
CASA VALDUGA
DESDE 1875
PIZZORNO
1910 FAMILY ESTATES
VALDEMIZ
VINHOS FINOS
VATTORE
SANO
ESTATE BOTTLE
BODEGAS CARR
ABREU GARC
VINHOS DE ALTITUDE
RIBALDI
BOSCATO
ALTO DE LA
BALLENA
ALMAÚNICA
Vale dos Vinhedos - Brasil
EL PRECIAL
WINE LODGE
NARBONA
RENTIS
Calz
FAMILIA DE

segh
SINDICATO EMPRESARIAL DE
GASTRONOMIA E HOTELARIA
REGIÃO UVA E VINHO
UM MUNDO DE EXPERIÊNCIAS
Enoturismo, Gastronomia e Hotelaria
/seghuvaevinho
www.seghuvaevinho.com.br
Filiado a
CNC
FBH

SUMÁRIO

Por que visitar vinícolas? 6

Como usar este guia 12

Como as vinícolas foram escolhidas 16

- Ranking das vinícolas – Brasil e Uruguai 2015-2016 19
- Vinícolas Top 5 23

"Os melhores do guia" 26

Dicas de viagem 30

Ficha técnica 40

Serra Gaúcha Chic 42

Chic de ponta a Punta 44

Santa Catarina 46

Flores da Cunha, Antônio Prado e Caxias do Sul 68

Bento Gonçalves e Pinto Bandeira 96

Vale dos Vinhedos 128

Garibaldi 164

Montevideo e Canelones 182

Río – Colonia del Sacramento e Carmelo 222

Mar – Atlántida e Punta 240

Glossário 262

Vinícolas em ordem alfabética 272

POR QUE VISITAR VINÍCOLAS?

Por que o vinho desperta tanto interesse? Que produto é este que transforma bebedores em apreciadores e, alguns deles, em enoturistas, capazes de percorrer milhares de quilômetros para conhecer o nascedouro de seu vinho predileto? Viajar tem sido uma das formas de entretenimento que mais cresce, pois promove uma forte mudança no ambiente e na rotina. Querer voltar às origens, ao campo, sair das grandes cidades para "desacelerar" e desfrutar de uma vida mais simples, junto à natureza e ao vinho, tem sido a escolha de cada vez mais pessoas, de todas as idades, de todos os países.

Conhecer vinícolas nos faz desvendar um universo de sensações por meio das paisagens, da história, da arquitetura, da hospitalidade e dos vinhos. Por que não fazer um assemblage de vinícolas, isto é, visitar as mais famosas e tradicionais, mas também estar aberto aos nomes menos conhecidos? Garanto que cada uma tem algo diferente que vale a pena ser visto e sentido.

A pressa não faz bons vinhos. Nem um bom asado.

Aqui, nestas regiões irmãs, separadas por uma fronteira invisível e "sotaques diferentes", partilham da mesma ignorância da maioria das pessoas: Brasil e Uruguai estão praticamente fora do mapa do vinho mundial. A Tannat uruguaia ainda carrega a imagem de dura e difícil. Hoje quase uma lenda. E quem viajar descobrirá que as irmãs Cabernet e a Merlot fazem vinhos fantásticos no Brasil. As Serras Gaúcha e Catarinense ainda não foram totalmente descobertas, nem pelos próprios brasileiros. Os espumantes, é verdade, já são preferência nacional; os vinhos, porém, não são conhecidos, sequer provados, e muito menos entendidos. Sim, é preciso entender para apreciar os melhores nacionais.

Falando em conhecer, você vai provar Rebo, Teroldego, Marselan, Lagrein, Refosco, Egiodola, Arinarnoa, Riesling Itálico, Aglianico, Ancellotta, Montepulciano, Rondinela, Longanesi, Primitivo, Moscatel. Para acompanhá-las, que tal juntar o queijo de Colonia com o salame da serra? Depois é só aproveitar carnes inesquecíveis, galetos, polentas viciantes, fortaias, torteis, boniato e batata frita de verdade. Para terminar, panqueque dulce de leche ou sagu com vinho e creme. E ao despertar todos os dias, suco de uva. A vida não é tão ruim...

DEZ RAZÕES PARA CONHECER O SUL DO BRASIL

1. Visitar a Miolo com calma acompanhado de um guia-enólogo.
2. Aprender sobre espumantes com Gilberto Pedrucci.
3. Galeto, fortaia, tortéi, radicchio.
4. Queijo colonial.
5. Fazer o tour evolução na vinícola Salton.
6. O ossobuco do Caldeira, em Bento.
7. Relaxar no Hotel Spa do Vinho, no Vale dos Vinhedos.
8. Acordar na Áustria ou em Treze Tílias.
9. Aprender a fazer vinho com o Clovis, na vinícola Boscato.
10. Tomar suco de uva o dia todo.

DEZ RAZÕES PARA VISITAR O SUL DO BRASIL DE NOVO

1. Andar na Maria Fumaça, de Carlos Barbosa a Bento.
2. Degustar na sala de barricas da Luiz Argenta.
3. Subir a Serra do Rio do Rastro, desta vez com o céu aberto.
4. Provar os espumantes na Calza, enquanto se ouve as histórias do Antoninho.
5. A Pizza de cordeiro desfiado com cebola caramelizada, do Pizza entre Vinhos.
6. Participar da Settimana in Cantina, na Zanella.
7. Pegar zero grau acompanhado de fondue e vinho, em São Joaquim.
8. Ficar paralisado pela vista da Villaggio Grando.
9. Degustar todos os espumantes na Familia Geisse.
10. Tomar suco de uva o dia todo.

TREZE TÍLIAS
SÃO JOAQUIM
BENTO GONÇALVES
CAXIAS DO SUL
BRASIL
URUGUAI
CARMELO
COLONIA
MONTEVIDEO
PUNTA DEL ESTE

DEZ RAZÕES PARA CONHECER O URUGUAI

1. Baby Beef e boniato zanahoria: a harmonia perfeita.
2. Catar vino e conversar com os irmãos Pisano.
3. Dar a volta na Península caminhando, em Punta.
4. Bodega Garzón: vinho, azeite e a melhor carne do mundo.
5. Vinhos exquisitos e gastronomia na Viñedo de los Vientos.
6. Explorar o bairro histórico em Colonia del Sacramento.
7. Visitar e almoçar na vinícola Bouza.
8. Passear pelo Mercado del Puerto e escolher um restaurante ao acaso.
9. Sí, Tannat y Parilla, todos los días.
10. Sí, dulce de leche, todos los días.

DEZ RAZÕES PARA VISITAR O URUGUAI DE NOVO

1. Caminhar tranquilamente pela Rambla em Montevideo.
2. Hosperdar-se no Narbona Wine Lodge, em Carmelo.
3. Reunir os amigos e fazer um asado na vinícola H. Stagnari.
4. Degustar ao por do sol na vinícola Alto de la Ballena
5. Passear com a família pelo Mercado Agrícola de Montevideo.
6. Fazer o tour na Viña Edén.
7. Almoçar no Parador La Huella, em Jose Ignacio, no verão.
8. Caminhar pela Feira Tristán Narvaja aos domingos, em Montevideo.
9. Depois da praia em Punta: empanadas e vinho.
10. Sim, é possível tomar café da manhã em uma vinícola. Na Pizzorno.

Ana Sammartino
ARTE PORTANTE
freddo
POLICIA
AMARBAS
mutate
los caracoles
fine art
POPEI
posada del faro
RESTAURANT
El Palmar
AISPURÚ
Inm. RUIBAL
ROBERTA ROLLER
Sentido
Inm. Valenza
La Farola
RESTO & CAFÉ
ELA DE SURF
HOPUPU
099106707
monicamelhemshop
MANOLO M'
L'ATRIBU
Perazzo | Sotheby's
Elohim
HALE LAU
LA JUANITA

COMO USAR ESTE GUIA

Os objetivos deste guia são:

• Ajudá-lo no planejamento da viagem.

• Acompanhá-lo durante o roteiro, pois as mudanças no meio do caminho são muito comuns e, em muitos casos, inesquecíveis.

Não, este não é um guia de vinhos. Nem um guia turístico genérico. O foco é a experiência enoturística. Claro que o vinho ocupa um papel importante, mas não deve ser único e decisivo para se escolher aonde ir, exceto naqueles casos em que você faz questão de conhecer uma vinícola em especial.

Sabemos o quanto é difícil viajar. São necessários tempo e dinheiro, sem dúvida; mas a expectativa de aprender, se emocionar, se divertir, relaxar, comer e beber bem representa um contraponto valioso.

Assumindo essa premissa, o *Guia de vinícolas – Brasil & Uruguay – Le winery guide* – avalia de forma independente e minuciosa as vinícolas para garantir a melhor orientação para que você possa aproveitar a viagem ao máximo. Nossa sugestão é que você leia os comentários sobre cada visita, veja as fotos e só então decida aonde quer ir – não leve apenas as estrelas em consideração. Verifique também quanto tempo tem disponível e quais regiões despertam maior interesse. E não deixe de conferir os websites das vinícolas antes da viagem.

O guia está dividido da seguinte forma:

Serra Gaúcha *Chic* e *Chic* de ponta a Punta: dois roteiros de sete dias inesquecíveis com as melhores atrações do guia.

Regiões/Vinícolas

Em cada vinícola você encontrará:

• Avaliação geral, representada pelas estrelas conquistadas – nenhuma, uma, duas ou três.

• Ficha técnica com todas as informações sobre produção, área plantada, coordenadas GPS e Google Maps, além das informações de contato.

• Texto descritivo da visita.

• "Vale conferir", que são dicas imperdíveis sobre alguns vinhos e detalhes curiosos da vinícola / visita.

• Fotos, muitas fotos, para você entrar no clima de cada vinícola.

Vinho por um dia

Cinquenta roteiros de um dia de duração visando facilitar sua escolha com base em determinados interesses (vinícolas especializadas em brancos, por exemplo) e, ao mesmo tempo, evitando deslocamentos irracionais. A diversidade dos países nos fez

elaborar roteiros bem diversos e interessantes, focando: tintos, brancos, espumantes, história, natureza, visita técnica, grappas, compras, arquitetura, vinícolas familiares e de pequenas produções.

Comer e ficar

Este é um guia de vinícolas, portanto, essa seção é propositadamente limitada e os comentários são precisos.

Restaurantes dentro das vinícolas

Os restaurantes das vinícolas foram avaliados para garantir a você a melhor experiência possível.

Veja os critérios de avaliação:

- Impacto: decoração, uniforme dos atendentes, menu, banheiro, conservação, limpeza e vista.
- Conforto: espaço (espera e circulação), nível de ruído, iluminação e móveis.
- Estrutura: table ware (talheres, taças, louças etc.).
- Serviço: recepção, sommelier (apresentação dos vinhos, harmonização, acompanhamento durante a refeição), rapidez e cortesia.
- Comida: sabor, apresentação e combinações em todas as etapas do serviço.

Os critérios de avaliação somados acima resultam em 1.000 pontos e, de acordo com os pontos obtidos por cada restaurante, eles recebem garfos:

🍴 70% dos pontos ou mais.

🍴🍴 80% dos pontos ou mais.

🍴🍴🍴 90% dos pontos ou mais.

Restaurantes fora das vinícolas

- Nem todos os restaurantes visitados foram incluídos, pois em alguns a experiência não foi boa. Os que visitamos e gostamos muito identificamos com o símbolo ♥. Aqueles que não visitamos, mas o pessoal das vinícolas recomendou, possuem o símbolo Ⓡ.
- Muitos restaurantes não têm serviço contínuo durante o dia, ou seja, abrem para o almoço, fecham durante a tarde, e reabrem para o jantar. Em outras palavras: programe-se para não perder aquele restaurante que gostaria de conhecer. Mas, se por acaso acontecer, relaxe. Com certeza haverá algum lugar bem próximo a oferecer empanadas ou pão, queijos e uma boa copa que, com o vinho da casa, cumprirão sua missão com destreza.
- Como vivemos em um mundo de mudanças cada vez mais rápidas, verifique dias e horários de funcionamento no momento da reserva.
- Não deixe de pedir sugestões a quem você encontrou pelo caminho e no seu hotel, mas com ressalvas. Muitos dos concierges nunca saíram do hotel e apenas repetem o que ouvem.

Hotéis

- Os hotéis/pousadas que gostamos muito estão identificados com o símbolo ♥, e os que têm o símbolo Ⓡ foram recomendados pelo pessoal das vinícolas e/ou nos hospedamos e aprovamos.

COMO AS VINÍCOLAS FORAM ESCOLHIDAS

Foram pesquisadas 184 vinícolas, e, após a utilização dos critérios mencionados abaixo, apenas 60 foram eleitas a participar do guia.

Distância e Relevância

O guia focou as Serras Gaúcha e Catarinense, tanto pela história, quanto pela localização e tamanho da produção. Há vinícolas em outras regiões do Rio Grande do Sul e em outros estados, mas as distâncias são enormes. No Uruguai, foram eleitas as regiões costeiras e turísticas, e que também concentram a produção do vinho no país. Minhas sinceras desculpas às vinícolas de outras regiões que estão fazendo um bom trabalho, mas que não participam desta edição.

Interesse

Para que a vinícola fosse visitada, deveria possuir website e dele constar indicação referente a visitas ou turismo. Sim, existem outras vinícolas que recebem visitas, mas não foram avaliadas, pois não explicitam seus serviços em seu website.

Atendimento e organização

As vinícolas que não responderam ao e-mail enviado para o endereço que consta em seus websites e que não retornaram as ligações telefônicas não foram visitadas e avaliadas. E, se no momento da pesquisa, o website estava indisponível, a vinícola também foi excluída do guia.

Experiência

As vinícolas avaliadas que não obtiveram ao menos 50% dos pontos possíveis não foram recomendadas aos visitantes, pois a visita não valeu a pena (no caso, quatro celas). E, caso 50% ou mais das vinícolas de uma região, não tenham obtido ao menos metade dos pontos possíveis, a região foi automaticamente excluída do guia, fato que não ocorreu nesta edição.

Método de avaliação

Uma vez escolhidas, todas as vinícolas foram avaliadas seguindo-se os mesmos critérios. São mais de 150 pontos observados, desde o website – por onde a visita começa nos dias de hoje – até os detalhes de estrutura, atividades, atuação do guia, serviços de degustação e venda de vinhos e outros artigos. Também é calculado um índice de valor, que considera o custo do tour, a quantidade e o preço dos vinhos degustados, e a qualidade da visita, comparando-se cada vinícola com as das demais.

As visitas foram agendadas de forma aleatória pelos avaliadores, com ou sem ajuda das Prefeituras de Garibaldi, Bento Gonçalves, Sindicato Empresarial de Gastronomia e Hotelaria Região

Uva e Vinho, Wines of Uruguay, sendo realizadas:

- Sem aviso prévio às vinícolas de que seriam avaliadas.
- Nos mais diversos horários e dias da semana.
- Sob diversas condições climáticas.
- Em grupos grandes, pequenos ou mesmo individualmente.
- Seguindo-se roteiro e formato estabelecidos em cada vinícola.
- Com o acompanhamento de um ou mais guias da vinícola.

Todas as visitas foram gravadas em áudio e algumas vinícolas foram avaliadas duas vezes a fim de verificar possíveis inconsistências. O objetivo é tentar reproduzir a experiência de um "visitante padrão", o que sabíamos ser uma tarefa complexa, pois cada visita é sempre diferente em virtude da interação do próprio grupo e deste com o guia.

Classificação

A vinícola possui uma visita organizada.

Cuidados e atenção levados a sério.

Excelente visita, que lhe proporcionará ótimas recordações.

As vinícolas que não receberam nenhuma estrela aparecem relacionadas em ordem alfabética ao final do guia. Na maioria dos casos, as visitas valem a pena e fazem parte dos roteiros "Vinho por um dia" (pp. 48, 70, 96, 186, 224, 244).

RANKING DAS VINÍCOLAS – BRASIL & URUGUAI 2015-2016

	ESTRELAS	VINÍCOLA	POR QUE VISITAR	REGIÃO	PÁG.
1	★★★	MIOLO	*Cada vez melhor*	Vale dos Vinhedos	158
2	★★★	CASA VALDUGA	*Classe e Tradição*	Vale dos Vinhedos	142
3	★★★	SALTON	*Sinta-se especial*	Bento Gonçalves	126
4	★★	NARBONA	*Charme, descanso e vinho*	Colonia e Carmelo	238
5	★★	CHANDON	*Aula Magna*	Garibaldi	174
6	★★	BOUZA	*Cuidar de todos os detalhes*	Montevideo e Canelones	202
7	★★	PIZZATO	*Vinho provado, vinho comprado*	Vale dos Vinhedos	160
8	★★	BOSCATO	*Master Class em enologia*	Flores da Cunha	78
9	★★	LUIZ ARGENTA	*Vinhos, charme e design*	Flores da Cunha	84
10	★★	VILLA FRANCIONI	*O Ícone da Serra*	Santa Catarina	62
11	★★	VILLAGGIO GRANDO	*O paraíso é aqui*	Santa Catarina	66
12	★★	PIZZORNO	*Viticultura de Calidad*	Montevideo e Canelones	218
13	★★	TERRAGNOLO	*A Boutique Valduga*	Vale dos Vinhedos	162
14	★★	ALMA ÚNICA	*"O Rei do Carvalho"*	Vale dos Vinhedos	136
15	★	VIAPIANA	*Tradição e Modernidade*	Flores da Cunha	92
16	★	MARICHAL	*História de família*	Montevideo e Canelones	214
17	★	COOP. VINÍCOLA AURORA	*A Grande Família da Serra*	Bento Gonçalves	112
18	★	CRISTOFOLI	*"Nossa vida é o vinho"*	Bento Gonçalves	118
19	★	COOP. VINÍCOLA GARIBALDI	*Como Napoleão*	Garibaldi	176
20	★	LIDIO CARRARO	*Vinho e Marketing*	Vale dos Vinhedos	152
21	★	DON GIOVANNI	*Espumantes diferenciados...e vinhos também.*	Bento Gonçalves	122
22	★	ARTESANA	*"Las Brujas del vino"*	Montevideo e Canelones	200
23	★	CARRAU	*A própria história do vinho uruguaio*	Montevideo e Canelones	204
24	★	MARCO LUIGI	*Vinhos feitos com capricho*	Vale dos Vinhedos	154
25	★	ABREU GARCIA	*Boutique nas alturas*	Santa Catarina	56
26	★	SALVADOR	*A Bela de Flores*	Flores da Cunha	90

	ESTRELAS	VINÍCOLA	POR QUE VISITAR	REGIÃO	PÁG.
7		VIÑEDO DE LOS VIENTOS	*Velhas técnicas, novos sabores*	Atlántida e Punta	260
8		VARELA ZARRANZ	*Brancos, Rosados e Espumosos*	Montevideo e Canelones	220
9		PETERLONGO	*O único champagne do Brasil*	Garibaldi	178
0		ANTIGUA BODEGA STAGNARI	*Pedra, Mulheres e Vinho*	Montevideo e Canelones	198
1		CAVE DE PEDRA	*Um castelo nos vinhedos*	Vale dos Vinhedos	144
2		ESTABLECIMIENTO JUANICÓ	*"Três Gerações"*	Montevideo e Canelones	208
3		DOM CÂNDIDO	*Vinhedos próprios e tanques pequenos*	Vale dos Vinhedos	146
4		CASA GRANDE	*"El vino no se entiende, se experimenta"*	Atlántida e Punta	256
5		BARCAROLA	*Specialità Trentina*	Vale dos Vinhedos	138
6		PISANO	*Os alfaiates do vinho*	Montevideo e Canelones	216
7		ALTO DE LA BALLENA	*Um lugar simples, a paisagem e o vinho*	Atlántida e Punta	254
8		VILLAGGIO BASSETTI	*Em busca da essência do vinho*	Santa Catarina	64
9		CALZA JR.	*Espumantes e Acolhimento*	Vale dos Vinhedos	140
0		CAINELLI	*Fé, Família, Trabalho e Solidariedade*	Bento Gonçalves	114
1		LARENTIS	*Assemblage de Gerações*	Vale dos Vinhedos	150
2		DAL PIZZOL	*"Parque de Diversões"*	Bento Gonçalves	120
3		KRANZ	*Ocidente e Oriente: o assemblage perfeito*	Santa Catarina	58
4		FILGUEIRA	*A melhor visita técnica*	Montevideo e Canelones	210
5		CASTILLO VIEJO	*Seguindo o caminho da uva*	Montevideo e Canelones	206
6		GARZÓN	*A mais bela do Uruguai*	Atlántida e Punta	258

VINÍCOLAS TOP 5

Selecionamos as cinco melhores vinícolas que se destacaram em cada uma das categorias abaixo:

VOCAÇÃO TURÍSTICA

Funcionamento, estrutura e atividades oferecidas.

VISITA TÉCNICA

Explicações referentes à fabricação do vinho, desde o campo até o engarrafamento. Você vai voltar para casa quase um enólogo.

DEGUSTAÇÃO

Local onde é realizada, estrutura e serviço.

GUIA

Atenção, entretenimento e controle da visita.

LOJA

Estrutura, variedade de produtos e serviço.

VALOR

Se a visita "vale o preço" em razão dos vinhos degustados e da qualidade do tour, auferida através da pontuação obtida pela vinícola frente à média das demais.

RESTAURANTE

Foram avaliados: comida (sabor, combinações e texturas, apresentação e criatividade), serviço (vinho e atenção geral) e ambiente (estado de conservação, decoração, iluminação etc.).

TOP 5 – AS CINCO MELHORES EM:

VOCAÇÃO TURÍSTICA

1 – NARBONA
2 – CASA VALDUGA
3 – MIOLO
4 – GARZÓN
5 – DON GIOVANNI

VISITA TÉCNICA

1 – FILGUEIRA
2 – MIOLO
3 – SALTON
4 – TERRAGNOLO
5 – BOSCATO

DEGUSTAÇÃO

1 – MIOLO
2 – NARBONA
3 – BOSCATO
4 – PIZZORNO
5 – MARICHAL

GUIA

1 – ALTO DE LA BALLENA
2 – CASA VALDUGA
3 – VIAPIANA
4 – CASA PEDRUCCI
5 – PIZZORNO

LOJA

1 – CASA VALDUGA
2 – PIZZATO
3 – BOUZA
4 – COOPERATIVA VINÍCOLA GARIBALDI
5 – VILLA FRANCIONI

VALOR

1 – CHANDON
2 – BOSCATO
3 – PIZZATO
4 – CASA VALDUGA
5 – VILLA FRANCIONI

RESTAURANTE

1 – GARZÓN
2 – BOUZA
3 – NARBONA
4 – LUIZ ARGENTA
5 – CASA VALDUGA

"OS MELHORES DO GUIA"

O foco do guia é avaliar a experiência. Mas, leitores incorformados e persistentes, sempre pediram avaliações dos vinhos provados (desejo atendido na edição de Portugal). Nesta edição a relação dos melhores vinhos foi enriquecida com a participação de personagens maravilhosos conhecidos entre uma curva e outra na Serra Gaúcha. Dentre os tintos provados nas vinícolas, selecionei dez de cada país para uma prova às cegas, realizada em dezembro de 2016 no Farina Park Hotel, em Farroupilha. Os degustadores foram:

Antoninho Calza – Enólogo e proprietário de vinícola

César Nicolini – Sommelier e Chef

Maria Alice Farina – Empresária e Enófila

Rafael Caldeira – Dono de restaurante e bebedor de vinho

Gladimir Zanella – Sommerlier e proprietário de vinícola

Flávio Faria – Turista e bebedor de vinho

É importante mencionar que nem todos os vinhos de todas as vinícolas foram oferecidos nas visitas. Portanto, a seleção foi elaborada a partir dos vinhos provados. No caso de brancos, rosés e outros, foram avaliados por mim durante as viagens.

Cada um bebe o vinho que merece. Saúde!

TOP 20 TINTOS BRASIL E URUGUAY

1. Milantino – Gran Reserva, 2005, Ancellotta, Merlot, Tannat

2. Alma Única – Parte 2, 2012, Merlot, Cabernet Sauvignon

3. Narbona – Luz de Luna, 2010, 2011, 2012, Tannat

4. Bouza – Parcela Única B1, 2013, Tannat

5. Zanella – Reserva, 2012, Merlot

6. Bouza – Monte Vide Eu, 2013, Tannat, Merlot, Tempranillo

7. Pizzato – DNA 99, 2011, Merlot

8. Salton – Gerações Nini, 2013, Cab. Sauvignon, Merlot, Cab. Franc, Malbec

9. Alto de La Ballena – Cettus, 2010, Syrah

10. H. Stagnari – Dayman, 2013, Tannat

11. Familia Deicas – Preludio, 2009, Tannat, Cab. Sauvignon, Merlot, Petit Verdot

12. Kranz – Fabulosum, 2010, Malbec, Merlot, Cab. Sauvignon

13. Marichal – "A", Gran Reserve, 2013, Tannat

14. Mioranza – 50 anos, 2014, Cab. Sauvignon, Merlot, Ancellotta

15. Viñedo de los Vientos – Eolo, 2011, Tannat, Ruby Cabernet

16. Pisano – RFP, 2011, Petit Verdot

17. Viapiana – 1986, 2012, Merlot, Cab. Sauvignon, Cab. Franc

18. Villaggio Grando – Além Mar, 2009, Cab. Franc, Malbec, Merlot

19. Leone Di Venezia – Palladio, 2013, Montepulciano, Refosco, Teroldego, Aglianico, Rondinela

20. Carrau – 1752, Gran Tradición, 2010, Tannat, Cab. Sauvignon, Cab. Franc

BRANCOS, ROSÉS E OUTROS – BRASIL

1. Pizzato – Legno, Chardonnay

2. Terragnolo – Greda, Chardonnay

3. Casa Valduga – Gran Leopoldina, Chardonnay

4. Miolo – Quinta do Seival, Alvarinho

5. Abreu Garcia – Rosé, Malbec

6. Casa Venturini – Chardonnay

7. Salton – Virtude, Chardonnay

8. Luiz Argenta – LA, Sauvignon Blanc

9. Viapiana – Expressões, Chardonnay

10. Boscato – Rosé

BRANCOS, ROSÉS E OUTROS – URUGUAI

1. Carrau – 1752, Gran Tradición, Petit Manseng, Sauvignon Gris

2. Familia Deicas – Botrytis Noble

3. Alto de la Ballena – Rosado, Cabernet Franc

4. Viñedo de los Vientos – Estival, Gewüztraminer, Chardonnay, Moscato Bianco

5. H. Stagnari – Chardonnay de Virginia

6. Artesana – Rosé, Tannat

7. Narbona – Sauvignon Blanc

8. Pizzorno – Sauvignon Blanc

9. Varela Zarranz – Petit Grain Muscat

10. Filgueira – Reserva, Sauvignon Gris

MELHORES PRODUTORES DE ESPUMANTES (MÉTODO TRADICIONAL) – BRASIL

1. Familia Geisse, Pinto Bandeira

2. Casa Pedrucci, Garibaldi

3. Don Giovanni, Pinto Bandeira

4. Casa Valduga, Vale dos Vinhedos

5. Luiz Argenta, Flores da Cunha

6. Calza Jr., Vale dos Vinhedos

7. Casa Venturini, Flores da Cunha

8. Viapiana, Flores da Cunha

9. Abreu Garcia, Campo Belo do Sul

10. Salton, Bento Gonçalves

DICAS DE VIAGEM

Quando ir

Após dez viagens em várias estações afirmo com tranquilidade que é possível aproveitar todos os destinos, em qualquer época do ano, sem moderação. O que não dá é sonhar com a viagem e não concretizá-la! Fugindo das temporadas e feriados, passagens aéreas e hospedagens ficam mais em conta. Planejar significa economizar e viajar mais.

As vinícolas são projetadas para manter uma temperatura uniforme e ligeiramente amena durante todo o ano. Outono e primavera requerem roupas apropriadas para curtir um friozinho. Se você viajar no verão, proteja pele e olhos. No inverno, não se esqueça de colocar na mala um casaco pesado. Gorros, cachecóis e luvas também são importantes. Deixe o resto por conta do vinho.

Inverno (julho a setembro) – As serras brasileiras são a melhor opção, ficando Colonia como a alternativa uruguaia. É hora de substituir o suco de uva pelo chocolate quente. Os espumantes e brancos perderão espaço para os tintos. Parreirais nus e vinhos hibernando nas barricas e tanques. Mas nos restaurantes, o pão italiano, os salames e os queijos darão conta da primeira garrafa. Na sequência, massas quentinhas com molhos brancos e funghi ganham a mesa. Mais outra garrafa. Sorrisos. As fotos terão sempre a lareira ao fundo e, com certeza, você não voltará para casa sem ter curtido um fondue e feito juras de amor.

Primavera (outubro a dezembro) – Hortênsias na Serra Gaúcha. Começa a vida no vinhedo com os primeiros brotos. A temperatura vai subindo lentamente. O sol já traz outra luminosidade. Renovam-se as esperanças de uma safra melhor que a do ano anterior. Sempre.

Verão (janeiro a março) – Para quem deseja acompanhar a vindima no Uruguai e na serra gaúcha, este é o período. Mas só em Punta é possível reunir praia e vinho. Ou rio e vinho em Carmelo. Em função da latitude e da altitude, as noites serão sempre agradáveis e o sol nunca escaldante. Nesta época pode chover um pouco mais que a média anual.

Outono (abril a junho) – A vindima catarinense ocorre em abril e maio. As folhas perdem o verde e ganham o amarelo e, finalmente, a terra. Boa estação para economizar nas tarifas, curtir um friozinho de noite e não suar muito nos passeios durante o dia ou ao caminhar na rambla uruguaia.

O que levar

Óculos escuros, câmera fotográfica (um smartphone de qualidade atende na maioria dos casos para fotos a curta distância e boas condições de iluminação), manteiga de cacau (ou similar) para os lábios, creme hidratante (depois de alguns dias em temperaturas baixas a pele pode ressecar), protetor solar (sobretudo para quem viaja no verão), repelente de insetos, medicamentos para dor de cabeça, febre etc., e alguma coisa que você esteja acostumado a tomar quando come e bebe demais. E, claro, este guia.

O que trazer

A memória lotada de boas lembranças, a alma renovada e a cabeça sem stress. Das Serras Catarinense e Gaúcha, queijo colonial e algum salame que você tenha achado especial. O Uruguai está mais caro que Argentina, Chile e Brasil. Recomendo trazer o que realmente seja único e típico: vinho e, claro, doce de leite. Das vinícolas, talvez uma camisa polo ou boné para deixar registrada uma visita marcante. Algo quase indispensável para quem toma vinho é o cortagotas (ou salvagotas). O que funciona melhor é o que tem formato de disco e é flexível. Basta inseri-lo no gargalo e adeus vinho escorrendo pela garrafa e sujando a toalha da mesa com respingos. Depois que você usar um desses, não vai conseguir viver sem. Compre alguns a mais, pois os amigos vão gostar.

Hospedagem

Ambos os países oferecem uma boa rede. Em Montevideo, prefira um hotel próximo à rambla para caminhar ao entardecer ou cedinho pela manhã. Os restaurantes também estão localizados próximos à rambla. O mesmo vale para Punta del Este, Colonia e Carmelo. As cidades são pequenas e é muito fácil entrar e sair.

Em Santa Catarina, Treze Tílias possui mais opções que São Joaquim. Em Garibaldi e Bento Gonçalves, é possível hospedar-se em duas vinícolas – Casa Valduga e Terragnolo. Há várias outras opções, desde pousadas mais simples a hotéis com serviço de Spa. Para quem visita Flores da Cunha, uma opção é ficar em Caxias do Sul, mas minha preferência é sempre escolher as menores cidades – fique em Flores mesmo. O enoturismo não harmoniza bem com cidade grande. Tudo o que você ganha durante o dia em termos de relaxamento e paz será neutralizado ao voltar para um hotel dentro da cidade.

Não recomendo "esticadas". Por exemplo, usar Montevideo como base para visitar Punta ou Colonia. Ou hospedar-se em Gramado e fazer um "bate-volta" até Bento e Garibaldi. Ou mesmo hospedar-se em Florianópolis e subir e descer a serra no mesmo dia. É perigoso e cansativo. Prefira hospedar-se em cada lugar.

O que comer

Do lado de lá da fronteira, o ingrediente principal é a carne. Boi, porco e cordeiro da melhor qualidade. Mas os uruguaios não desperdiçam nada. A tradicional parrillada inclui:

- Cortes de carne (nem todos, obviamente): asado de tira (costela cortada horizontalmente), bife de chorizo (miolo do contrafilé), ojo de bife (parte redonda da ponta do contrafilé), cuadril (alcatra), colita de cuadril (maminha), matambre (capa de costela), lomo (filé-mignon), vacío (fraldinha), bife angosto (contrafilé);
- Embutidos: chorizo (linguiça), morcilla (chouriço com sangue), salchicha parrillera (linguiça fina, um pouco mais picante);
- Vísceras: riñón (rim), molleja (moela), chinchulín (intestino delgado).

Para acompanhar, esqueça arroz e feijão. Salada, alguma batata ou boniato zanahoria, uma batata doce cor de cenoura que combina muito bem e neutraliza um pouco o sal das carnes.

Do lado de cá, não é comum encontrar o arroz com feijão nos restaurantes típicos, mas é óbvio que você pode encontrar em qualquer esquina. Apesar da fama do churrasco gaúcho, na serra quem manda é o frango, o galeto e as massas.

Moeda

Além dos uruguaios entenderem bem o português, muitos estabelecimentos aceitam o Real. E todas as casas de câmbio também trocam reais por pesos uruguaios. A dica mais importante é: não troque moeda no aeroporto de Carrasco, sob nenhuma hipótese. Não acredite nos descontos que as recepcionistas apregoam. Simplesmente passe direto e faça seu câmbio em qualquer outra casa de câmbio fora do aeroporto (não se preocupe, há muitas), pois a cotação chega a ser 25%

melhor. Se for tomar um taxi, pague no cartão, dólar ou Real.

Outra dica importantíssima é que turistas não residentes não pagam o IVA (imposto sobre valor adicionado) em hotéis utilizando qualquer meio de pagamento (prefira moeda em espécie para não pagar o IOF do cartão). Em locadoras de veículo e restaurantes, pague no cartão de crédito e receba 18,5% de desconto (o IVA é 22%). É melhor ser taxado na fatura do cartão em 6,38% mas receber os 18,5%, certo? Estes benefícios foram criados em 2013 para atrair mais turistas e vêm sendo prorrogados desde então. A última informação oficial é que estarão válidos até outubro de 2017. Confira antes de viajar.

As vinícolas em geral aceitam cartão de crédito, pesos e dólares. Algumas podem aceitar o Real, mas não é garantido. Todas elas, porém, devem oferecer o Tax Free, cujo benefício será reembolsado em seu cartão de crédito no aeroporto. Pergunte, pois são outros 11% de economia. A maioria omite a informação.

Transporte

A melhor maneira de aproveitar a viagem é de carro, pois somente assim você poderá curtir cada cidadezinha, parar e apreciar aquela vista ou mudar toda a programação no meio do dia caso você deseje. As estradas uruguaias são vazias e as brasileiras até que são razoáveis em termos de conservação e sinalização. Opte por um veículo um pouco mais alto se possível e não se esqueça de calcular o tamanho do carro de acordo com a quantidadee de pessoas e das malas que você pretende levar e/ou trazer. Conforto e segurança são fundamentais.

Navegação e Orientação

O pior de qualquer viagem é perder tempo. Este é o propósito principal deste guia: fazê-lo aproveitar ao máximo sua viagem auxiliando-o no planejamento da mesma, "desvendando" cada vinícola para que você direcione seu roteiro em função de suas preferências.

O GPS é o meio mais garantido para não se perder, além de possuir melhor recepção e não trazer surpresas quando a conta do celular chegar. Na ficha técnica de cada vinícola encontram-se as coordenadas que devem ser inseridas no aparelho para chegar ao destino desejado. Alugue junto com o carro se não possuir um. Não economize: caro é se perder e ficar nervoso, não acha?

O Waze, sem dúvida é a opção mais conveniente atualmente. Basta escrever o nome da vinícola e dirigir. Mas depende de um bom sinal de celular e consome muito a internet de seu plano. Já o Google Maps é mais preciso que o Waze no interior, mas consome bastante a bateria do celular, além da internet do seu plano. Em último caso, utilize o mapa que se encontra na página de abertura de cada região, que mostra as principais estradas e a localização exata de cada vinícola. No website das vinícolas também há mapas com algumas dicas de como chegar, mas cuidado, pois a precisão, quantidade de informações e visibilidade desses mapas varia muito.

Agendar visitas

Todas as vinícolas do guia podem ser contatadas pela internet ou por telefone. Normalmente, o pagamento (se houver) é feito na própria vinícola, ao final da visita. Para garantir, o ideal é marcar as visitas com antecedência mínima de 24 horas, exceto naquelas onde já existem tours com horários pré-definidos. Os recepcionistas dos hotéis costumam ser solícitos e podem ajudá-lo, caso você não tenha conseguido fazer isso antes. Não recomendo aparecer na vinícola sem reserva. Sim, o máximo que pode acontecer é você não conseguir fazer o tour, mas sem dúvida poderá comprar algumas garrafas de vinho e talvez degustar. No entanto, para garantir que você não perca tempo, reserve. Não custa nada.

Pense na mala de volta...

Os vinhos uruguaios são excelentes para acompanhar um belo churrasco. Então, ir ao Uruguai, visitar vinícolas e não comprar os vinhos que lhe encantaram seria uma lástima. Provou e gostou? Compre! Esqueça o preço. É hora de aproveitar o momento.

...ou não pense na mala de volta

A maior vantagem das vinícolas brasileiras é entregar os vinhos na sua casa, por um valor de frete bem razoável (a partir de certo valor, o frete é grátis). Ou, dependendo da distância, você pode optar em viajar de carro e "pagar a viagem" comprando muitos vinhos a preços que você jamais encontraria fora das vinícolas.

Trazendo vinho

Sobretudo para quem viaja de avião, recomendo comprar a embalagem chamada wine skin (pele de vinho) ou similar, vendida em algumas vinícolas. São duas camadas de plástico – um normal e outro com bolhas. Coloque a garrafa dentro e feche com a fita adesiva da própria embalagem. Para durar várias viagens, utilize apenas a fita adesiva exterior, deixando a fita interior intacta. Se vocês não comprou wine skin, o jeito é enrolar as garrafas nas roupas e evitar o contato entre elas. As embalagens de papelão ou bolsas plásticas fornecidas pelas vinícolas servem apenas para levar o vinho até o hotel.

Quem viaja do Uruguai para o Brasil, ou dentro do Brasil, em classe econômica, tem direito a despachar 23 kg. Assim, planeje bem sua mala, pois levar três peças de roupas a mais sem necessidade significa trazer uma garrafa a menos. Nas viagens do Uruguai para o Brasil não é permitido entrar na cabine com garrafas compradas fora das lojas Duty Free no aeroporto. Já dentro do Brasil, cada passageiro pode entrar com até seis garrafas na cabine.

E se a garrafa quebrar?

Sim, é possível. Depois de vários anos viajando pelo mundo e pelo Brasil carregando vinhos para palestras e degustações, informo que meu índice de quebra é de 0,2%, ou seja, uma a cada quinhentas garrafas quebrará. E das vezes que aconteceu, foi minha culpa. Embalei muito rápido, não tomei os devidos cuidados. Se acontecer, "bem-vindo ao clube" e torça para que não tenha sido seu vinho mais caro. A maioria das roupas consegue sobreviver sem sequelas.

Método profissional

Para os aficionados e abonados (não necessariamente nessa ordem), que vão comprar várias garrafas caras, existem malas especiais para o transporte de vinhos que podem ser adquiridas pela internet. São 99,9% seguras, projetadas para quem quer transportar vinhos muito caros ou não quer perder tempo embalando as garrafas.

O peso é pouco maior que o de uma mala comum do mesmo tamanho e se justifica pela proteção extra que propicia às garrafas. O único ponto negativo é que alguns modelos chamam demasiada atenção nos aeroportos.

Onde comprar vinho?

Minha regra de ouro: só compro vinho que provei e achei bom (até certo limite de preço, claro). E o melhor lugar para fazer compras é, obviamente, nas vinícolas. Depois de participar da degustação, você estará apto a listar os seus preferidos e arrematá-los. A verdade é que não há nada como comprar direto "na fonte". Nas vinícolas, você geralmente paga mais barato do que em uma loja especializada ou mesmo no free shop.

Outro diferencial é o serviço: os funcionários conhecem muito melhor os vinhos que estão à venda.

Como comprar vinho?

Não existe regra, mas é importante ter em mente que o vinho ícone, o mais caro de cada vinícola, expressa cada vez mais as particularidades da região, a filosofia da marca ou o gosto do enólogo ou do dono. Em outras palavras, o vinho seguramente é muito bem-feito (às vezes até preparado com cuidado exagerado), contou com as melhores uvas e acompanhamento durante todo o processo – que pode levar até quatro anos – mas você pode não gostar. Ou não é o seu estilo, ou, na maioria das vezes, o vinho não está "pronto" quando você provou na visita, ou seja, ainda necessita mais alguns anos de evolução em garrafa para melhor expressar toda a sua complexidade (acredite, não é frescura). Com a prática, você conseguirá perceber, degustando hoje, o potencial de um vinho e imaginá-lo daqui a alguns anos. Idealmente, antes de investir mais de 100 reais ou mil pesos em uma garrafa, por que não degustar primeiro?

Algumas vinícolas não disponibilizam seu vinho mais caro no tour. Nesse caso, há duas opções: prová-lo por taça (algumas oferecem essa possibilidade) ou, para os que viajam em grupo, dividir uma garrafa e abri-la na hora. Para quem não quer errar, geralmente o segundo vinho de cada vinícola tem preço convidativo – até 50% mais barato que o vinho ícone – e não é 50% inferior no paladar (faça o teste e comprove). Embora não se possa dizer que seja um vinho barato, o preço é bem menor do que o do ícone, e sua qualidade muito superior a da linha de vinhos de entrada da vinícola. Resumindo, a sugestão é comprar o segundo vinho sem pestanejar! Quanto ao ícone, só leve se você já o conhecer ou se não pesar no seu bolso. Já os mais baratos, não valem o trabalho de transportá-los até em casa.

Que vinho comprar?

Acredito que o melhor vinho é aquele que você prova e gosta. Não se oriente pelo preço, pela marca ou pela uva. Confie em seu paladar. Você naturalmente desenvolverá habilidades que o ajudarão a diferenciar vinhos bem feitos de vinhos mal feitos. E também a descobrir que estilo de vinho prefere (mais ou menos encorpado, mais frutado, mais amadeirado etc.). É um processo lento, aperfeiçoado durante toda a vida. Que bom!

Os espumantes são os destaques no Brasil, mas também há ótimos Chardonnays e Merlots. Os Pinots de Santa Catarina são os melhores do guia. No Uruguai, você descobrirá que a Tannat é melhor que a Cabernet Sauvignon, pois tem estrutura, corpo e fruta. Os Merlots uruguaios são mais elegantes que os brasileiros, assim como os Cabernet Franc de Punta del Este. Também não deixe de comprar varietais de uvas raras, como a Marselan, a Teroldego e a Ancellotta. Os vinhos fortificados uruguaios, assim como os de colheita tardia, são muito bons. Vale a pena comprar ao menos um de cada estilo.

Os guias de vinho funcionam? Vale a pena comprá-los?

Sim. As degustações profissionais – com objetivo de conceder uma nota numérica aos vinhos – são feitas às cegas e reúnem a opinião de gente envolvida com o vinho há muitos anos. São enólogos, sommeliers, jornalistas e enófilos que seguem métodos cada vez mais eficazes para tentar garantir uma avaliação consistente dos vinhos.
Do lado brasileiro, o Guia Adega é a melhor opção. O Descorchados "não conhece o Brasil", sendo mais indicado quando o assunto é Uruguai.

É bom lembrar, todavia, que qualidade e preço não andam juntos no mundo do vinho. Ao acompanhar as publicações, é possível conhecer novas vinícolas e rótulos, e você ainda economiza dinheiro comprando vinhos excelentes e pagando menos. Como é possível? Simples: alguns produtores ainda não são conhecidos e, apesar de seguirem os mesmos padrões de qualidade das mais prestigiadas vinícolas, não podem cobrar por isso. Mas, como a avaliação dos vinhos pelos críticos é feita às cegas, a equação **tradição + prestígio = status ➜ preço alto** não funciona. Por essa razão, é fácil encontrar dois vinhos com os mesmos 90 pontos e preços até 400% diferentes!

Não. Por três razões. Primeiro, acredito que os organizadores dos guias e das degustações sejam honestos e bem intencionados – prefiro o mundo do vinho com os guias e suas avaliações. Entretanto, a capacidade humana em distinguir sabores e, sobretudo, aromas, é limitada e varia muito entre os degustadores. Assim, um mesmo vinho pode aparecer em posições muito distintas ao compararmos o ranking de duas publicações ou provadores distintos.

O segundo aspecto é com relação aos pontos. Se a capacidade de percepção de aromas e sensações já é difícil, imagine a tarefa de atribuir pontos a cada uma dessas sensações? Vez por outra são alardeados na imprensa especializada casos de vinhos muito baratos classificados acima de vinhos (muito caros) de produtores renomados. Como explicar?

O terceiro ponto diz respeito ao gosto. Você pode preferir um vinho de 91 pontos a um de 93. Por que não? Ou um Vinho catarinense de 89 pontos a um uruguaio de 91. E, para ficar mais interessante, um vinho de 90 pontos hoje, pode cair para 89 em mais quatro anos. Ou aumentar para 92. Mas o pior a fazer seria comprar um vinho sem prová-lo antes. O ideal é visitar as vinícolas com um guia de vinhos nas mãos, degustar os rótulos mais bem pontuados e tirar suas próprias conclusões.

Ressaca

Agora entramos no campo das superstições. Ou da experiência. Seguem algumas reflexões sobre o tema:

- Bebidas mais escuras proporcionam ressacas mais intensas.
- Recuse bebidas de qualidade duvidosa. Se você não tem dinheiro para beber vinho bom, beba cerveja boa.
- O melhor amigo da taça de vinho é o copo d'água. O vinho é seco. Logo, você terá sede. Sem água por perto, você beberá mais vinho, e sua festa ficará cara e será lembrada no dia seguinte. Assim, para cada taça de vinho, um copo d'água. No mínimo.
- Faça como os uruguaios em sua parrillada semanal: beba vinho comendo. Ele completa o prazer da refeição, prolongando-a e estimulando o convívio entre as pessoas.
- Para não passar do limite, a regra é: só beba enquanto estiver comendo. Acabou a comida, acabou o vinho.
- Se você passar do limite, tome um comprimido para suavizar a dor de cabeça, beba bastante líquido (se possível, água de coco), coma um ovo cozido e faça uma caminhada leve, pois o movimento ajuda a espalhar o álcool pelo corpo, acelerando sua absorção.

FICHA TÉCNICA

Todo vinho tem sua ficha técnica. Esta é a do *Guia de vinícolas – Brasil & Uruguay – Le winery guide*:

DE PONTA A PONTA: 1.184 quilômetros, da Villaggio Grando, em Água Doce, Santa Catarina, até a Garzón, no Uruguai.

IDADE DO VINHEDO: 20 meses (após o lançamento do Guia de Vinícolas Portugal)

CORTE: 40% apaixonado por Ojo de Bife, 30% apaixonado por vinho, 20% apaixonado por viagem e 10% apaixonado por doce de leite.

FERMENTAÇÃO: dois anos e meio de Mestrado para aprimorar a metodologia de avaliação, incluindo pesquisa com especialistas e turistas dos quatro continentes.

ESTÁGIO EM MADEIRA: na verdade em ótimo asfalto e quase nenhuma terra. Foram 4.323 quilômetros rodados em dez viagens.

TEMPO EM GARRAFA: seis meses, entre escrita e trabalhos editoriais.

NOTAS DE CATA: 517 rótulos provados em vinícolas, barricas, tanques e restaurantes, acompanhados de hospitalidade farta e boa comida.

TEMPERATURA DE SERVIÇO: de 4° C, na Salvador, em Flores da Cunha a 34° C , na Familia Irurtia, em Carmelo.

HARMONIZAÇÃO: ideal para desfrutar com a família e os amigos.

TEMPO DE GUARDA: para guardar pouco e usar muito nas viagens, por vários anos.

AÇÚCAR RESIDUAL: desta vez, indeterminado.

SERRA GAÚCHA CHIC

Chic é orgulhar-se de ser brasileiro e valorizar nossa história, da qual fazem parte milhares de imigrantes italianos que se estabeleceram nas serras do Rio Grande do Sul e fizeram da região uma das melhores em qualidade de vida do país. Lá você desfrutará o melhor dos dois mundos: a farta e saborosa culinária italiana e o cálido serviço brasileiro. Buon divertimento!

DIA 1 – PRIMEIRO DIA – CHEGADA A CAXIAS DO SUL OU PORTO ALEGRE

Traslado até o Hotel Casacurta, em Garibaldi. Almoce no Restaurante Del Fillipi. Passeie pela cidade e conheça a Vinícola Garibaldi. Jantar na Hostaria Casacurta, no próprio hotel.

DIA 2 – GARIBALDI, O REINO DAS BORBULHAS

Visita na Peterlongo para provar o único champagne fabricado no Brasil. A próxima parada é na Chandon para aprender tudo sobre o método Charmat. Almoço no Restaurante Casa Di Paolo. Visita na Casa Pedrucci para provar espumantes fantásticos e conhecer a fundo o método tradicional. Jantar no Restaurante Valle Rústico.

DIA 3 – CHEGUEI AO VALE DOS VINHEDOS

Mudança para o Spa do Vinho. Visita na Miolo com acompanhamento de enólogo e degustação profissional. Almoço na Trattoria Mamma Gema. Visite a Alma Única e conheça o sangue novo do Vale dos Vinhedos. À noite, que tal uma pizza entre vinhos?

DIA 4 – UM DIA DE SPA

Calma, spa só à tarde. Conheça os maravilhosos vinhos da Pizzato e passe na Calza Jr. para provar alguns espumantes. Almoço em Monte Belo do Sul no Restaurante Nonna Metilde. Agora o merecido Spa. Jantar leve no próprio hotel.

DIA 5 – A VIA TRENTO E OS VALDUGAS

Um dia dedicado ao nome mais importante do vinho fino brasileiro. Comece na Dom Cândido para esquentar e visite a Marco Luigi em seguida. Almoço e visita na Casa Valduga. Termine o dia na Terragnolo e prove os melhores vinhos da família.

DIA 6 – CONHECENDO BENTO

O dia se inicia na Cainelli. Conheça uma típica casa italiana do início do século passado. Siga para a Dal Pizzol em Faria Lemos e passeie pelo seu belo parque. Almoce uma comidinha italiana caseira na Cristofoli, pertinho dali. O gran finale será na Salton. Agende o tour evolução. Mude toda a programação do dia a depender do horário do tour. É imperdível. Jantar no Restaurante Caldeira, em Bento.

DIA 7 – NAS MONTANHAS HÁ BANDEIRA E FLORES

Direto para Pinto Bandeira onde vamos provar os espumantes da Familia Geisse e da Don Giovanni. Almoço e visita na Luiz Argenta em Flores da Cunha. Traslado ao aeroporto (talvez com uma parada rápida na Salvador). No voo, descanse e pense na próxima viagem...

CHIC DE PONTA A PUNTA

Chic mesmo é pegar praia de manhã e visitar uma vinícola à tarde.

DIA 1 – LLEGADA A MONTEVIDEO

Siga direto para o Narbona Wine Lodge em Carmelo. Seu único programa do dia é relaxar. Almoço e jantar nas dependências do hotel. Mas não deixe de fazer o tour à vinícola com degustação harmonizada na cave.

DIA 2 – CARMELO

Conheça a bodega familiar El Legado e a Familia Irurtia. Almoço na Pousada Campotinto. Passe a tarde visitando o bairro histórico de Colonia e termine o dia provando as grapas na Bernardi e curtindo os drinks do Churana no por do sol. Hospedagem e jantar no Charco.

DIA 3 – EXPLORANDO COLONIA

Caminhe pela cidade. Não deixe de ir até a rambla para ver Buenos Aires lá do outro lado. Almoce no La Florida. Já em Montevideo, há duas opções para se hospedar. Se você quer tranquilidade, o Hotel Regency Park é a melhor dica. Se não estiver cansado, jante no Café Misterio, em Carrasco.

Para os que desejam fazer parte da cidade, o Hotel Alma Histórica na Ciudad Vieja seria ótima escolha. Jantar no La Cocina de Pedro para parrilla ou no Tandory, para gourmet.

DIA 4 – DÍA DE VINO

Comece o dia cedo na Pizzorno e aprenda como fazer vinho. Visita e almoço na Bouza. Fim de tarde na Carrau. Jantar no Al Forno.

DIA 5 – DESCUBRIENDO MONTEVIDEO

Marichal pela manhã. Reserve o almoço na Establecimiento Juanicó. Volte para curtir a cidade. Jantar no Restaurante Francis.

DIA 6 – RUMBO A PUNTA

Sua primeira parada é na Viñedo de los Vientos. Almoce na vinícola Garzón. Hospedagem no Il Belvedere. Jantar no La Olada, em Jose Ignacio.

DIA 7 – ADIÓS URUGUAY

Curta a praia ou a piscina. Visita e almoço na Viña Edén. Direto para o aeroporto de Carrasco. Não se esqueça do tax free e de reservar uma meia hora para o free shop para comprar vinho e doce de leite.

SANTA CATARINA

O Planalto Catarinense é uma das mais jovens e modernas regiões vinícolas do país. Nascida praticamente no século XXI, tem sido a preferida de profissionais liberais, ex-executivos e empresários de outros setores movidos por sonhos e em busca de um novo estilo de vida. Em meio a paisagens inenarráveis, pequenos e médios empreendimentos são erguidos ano após ano.

Das regiões do guia, é a mais extensa a ser coberta pelos enoturistas, mas também a mais bonita. O estado famoso pelas praias, frutos do mar e sua tradição cervejeira, oferece um terroir temperamental, que costuma testar a determinação dos viticultores, tendo queimado milhares de brotos de Pinot Noir e Chardonnay com suas geadas imprevisíveis nos últimos anos.

As altitudes variam de 800 a 1400 metros (a cada 150 metros a temperatura cai um grau), fazendo com que a amplitude térmica, diferença de temperatura entre o dia e a noite, seja a maior do Brasil. Umas das consequências é a degradação mais lenta dos ácidos, atrasando a colheita em cinquenta dias em relação à Serra Gaúcha.

Para quem viaja de avião, a porta de entrada recomendada é Florianópolis. Uma compreensível tentação nos meses quentes é descansar um par de dias na ilha ou na Praia do Rosa antes de subir a serra do rio do rastro em direção a São Joaquim, capital brasileira do inverno e da maçã. A cidade (e a vizinha Urubici) oferece vinícolas e turismo de aventura durante o dia. A noite pertence exclusivamente ao romance e ao fondue.

ABREU GARCIA
KRANZ
LEONE DI VENEZIA
VILLA FRANCIONI
VILLAGGIO BASSETTI
VILLAGGIO GRANDO

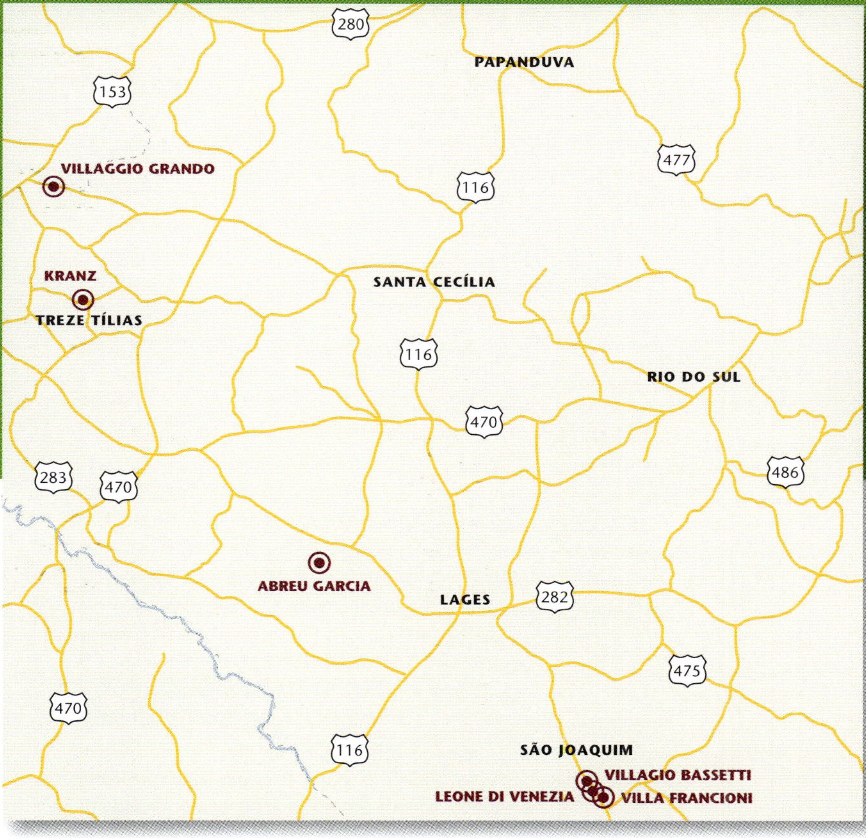

O outro polo produtor do estado é o Vale do Contestado, a 300 km de São Joaquim, onde imigrantes construíram cidades e trouxeram sua cultura. Os italianos em Joaçaba, com seu carnaval, e em Videira, com suas cantinas. Os alemães se instalaram, principalmente, em Fraiburgo, com seus casarões em estilo alpino, e Piratuba, com suas águas termais e a Maria Fumaça. Mas foram oitenta famílias austríacas que forjaram a mais bela de todas, Treze Tílias. A vinícola Kranz, duas cervejarias, diversos ateliês de escultores e o parque Lindendorf obrigam os turistas a ficar por mais tempo.

VINHO POR UM DIA

1 BORBULHAS DE MONTANHA

Na Abreu Garcia a estrela é o Festividad, um delicioso champenoise dourado, aromático e muito barato pela qualidade que tem. Na Villa Francioni, tanto o Rosé Brut quanto o Branco Nature agradarão ao mais exigente dos enófilos.

SUGESTÃO DE ROTEIRO: para quem está hospedado em São Joaquim e vai seguir para o interior, o melhor é começar pela Villa Francioni, almoçar em Lages no Sur Restaurante Grill, visitar a Abreu Garcia e pernoitar em Treze Tílias. Desta forma evita-se a estrada à noite. Hospedado em Treze Tílias? Vá direto para a Abreu Garcia. Almoço em Lages no mesmo restaurante e feche o dia na Villa Francioni. Pernoite na vinícola Leone Di Venezia.

2 TINTOMANÍACOS I – SÃO JOAQUIM

A Leone Di Venezia, por usar apenas uvas italianas, é uma atração tão improvável quanto imperdível. Na Villa Francioni, meus preferidos foram Francesco e VF Tinto. Também vale a pena degustar o Cabernet Sauvignon com Merlot e o espumante rosé Sinfonia no por do sol da vinícola Monte Agudo, um pouco antes de chegar na Leone Di Venezia. Vários produtores não recebem visitas, mas você poderá provar muita coisa na Casa do Vinho. Pelo atendimento, é a melhor loja de vinhos do Brasil. Vende praticamente todos os rótulos de Santa Catarina. Possui uma sala de degustação profissional e entrega na sua casa.

SUGESTÃO DE ROTEIRO: comece na Leone Di Venezia. Almoço e visita na Villa Francioni, Se o dia estiver bonito, que tal degustar ao por do sol na Monte Agudo?

3 TINTOMANÍACOS II – VALE DO CONTESTADO

Na Villaggio Grando os destaques são o impensabile Innominabile e o insólito Além Mar, uma cofermentação de Cabernet Franc, Malbec e Merlot, inclusive com alguns engaços. Na Kranz, a tecnologia e as uvas de qualidade nos trouxeram o melhor Malbec do guia. E a obstinação (e a teimosia) de Walter Kranz nos oferece o fabuloso Fabulosum 2010 que, segundo Walter, só será repetido a cada dez anos.

SUGESTÃO DE ROTEIRO: Villaggio Grando pela manhã. Até às 14h você encontra vários restaurantes abertos em Treze Tílias, como o Biergarten (buffet) e os restaurantes dos hotéis Tirol e Park Hotel. Após este horário, vá direto para o Parque Lindendorf onde servem um rodízio de comidas típicas austríacas. Aproveite para conhecer a minicidade e o lago, onde é possível alimentar as carpas.

4 WHITELOVERS

Nas últimas safras o clima tem sido cruel com as brancas, queimando os brotos e arrasando Chardonnays, Sauvignons e Pinots. A Villaggio Bassetti é famosa pelo Sauvignon Blanc, assim como a Villa Francioni. A Abreu Garcia elabora um Chardonnay excelente, e uma versão barricada por 18 meses bem intensa. O Rosé, de Malbec, é o melhor do Brasil.

SUGESTÃO DE ROTEIRO: o mesmo de Borbulhas de Montanhas.

5 CRIANÇAS

A Villaggio Grando possui uma área verde imensa com lago e playground. Na Kranz as crianças podem provar vários sucos e ver as ovelhas.

SUGESTÃO DE ROTEIRO: o mesmo de Tintomaníacos II

6 NATUREZA

Este roteiro é só de superlativos. Em pleno altiplano catarinense, a Abreu Garcia é uma típica casa na montanha. Ainda dispõe de capela e parque arqueológico ao lado dos vinhedos. Da entrada à sede da Villaggio Grando, situada à beira do lago, são quilômetros de pastagens verdes, florestas, campos de trigo e outras culturas. Vale a viagem!

SUGESTÃO DE ROTEIRO: são três horas entre uma vinícola e outra. Prefira conhecê-las em dois dias. Saindo de Florianópolis ou São Joaquim, Abreu Garcia pela manhã, almoço em Lages e pernoite em Treze Tílias. No dia seguinte, Villaggio Grando pela manhã. Saindo de Chapecó, Villaggio Grando de manhã e almoço com pernoite em Treze Tílias. No dia seguinte, visite a Abreu Garcia, almoce em Lages e pernoite em São Joaquim ou Florianópolis.

ONDE COMER E FICAR

COMER

DENTRO DAS VINÍCOLAS

Bacco (bistrô). Vinícola Villa Francioni. *Rodovia SC 114, km 300 – São Joaquim. Tel.: (49) 3233-8200/8232. Quarta a sábado, das 12 às 14h e das 19 às 22h; domingo, das 12 às 15:30h.*
Muito conveniente, pois não será preciso voltar à cidade para almoçar. O escalope de mignon selado com penne ao molho funghi estava excelente. Melhor ainda estava o folhado de doce de leite com sorvete de gengibre.

FORA DAS VINÍCOLAS

SÃO JOAQUIM E REGIÃO

Cristal de Gelo ♥ ***(fondue).*** *Rua José Palma, 132. Tel.: (49) 3233-0831. Terça a domingo, das 19 às 22:30h.*
Melhor fondue da cidade. O serviço inclui queijo, carne e chocolate.

O Pequeno Bosque (comida de montanha). *Rua Major Jacinto Goulart, 212. Tel.: (49) 3233-3318. Terça a domingo, das 11:45 às 14h e das 18:45 às 23:30h.*
Os pratos sempre trazem algum ingrediente da região, como o pinhão e as frutas do bosque. Carta de vinhos completa e garçons experientes completam a boa experiência.

Cascata (churrascaria). *Rodovia SC-390, s/n – Bom Jardim da Serra. Tel.: (49) 3232-0123. Terça a domingo, das 11 às 15h.*
Para quem está subindo a Serra do Rio do Rastro e não vai conseguir chegar a São Joaquim a tempo de encontrar algum restaurante aberto, é parar e comer muito bem. E sem perder tempo. O serviço é buffet com churrasco.

LAGES

Sur ♡ (parilla argentina). *Rua Correia Pinto, 365. Tel.: (49) 3223-5414. Terça a sábado das 11:30 às 14h e das 19h à meia-noite; domingo, das 11:30 às 15h.*
Carnes excelentes, saladas e acompanhamentos. Difícil vai ser pegar a estrada depois sem tirar um cochilo.

TREZE TÍLIAS

Parque Lindendorf ♡ (cozinha típica austríaca). *Rua Antonio Pattis, 10. Tel.: (49) 3537- 0658. Terça a domingo, das 10 às 18h.*

ONDE COMER E FICAR

A sensação é de estar no Tirol austríaco. Não há opção: é sentar e ser bombardeado por salsichões de todas as cores, salada de batatas, goulash, carnes, arroz e saladas. E chopp, muito chopp. Nos fins de semana há apresentações de música típica – ligue e confira a agenda. Após o farto almoço, caminhe pelo parque, visite a minicidade e alimente os peixes no lago.

Edelweiss* ♥ *(pizzaria e cervejaria). *Rua Doutor Gaspar Coutinho, 441. Tel.: (49) 3537-0531. Terça a domingo, das 18 à meia-noite.* Nem perca tempo com os pratos típicos austríacos, pois as pizzas são divinas. E para beber, obviamente, cerveja Bierbaum, feita no local.

Bierwein* Ⓡ *(pizzaria e comida típica austríaca). *Rua Videira, 80. Tel.: (49) 3537-1473. Diariamente, das 18h à meia-noite.* Ideal para uma noite bem fria. Ambiente aconchegante e cardápio variado. Bom chopp artesanal.

Biergarten* Ⓡ *(buffet e comida típica austríaca). *Rua Leoberto Leal, 392, SC-465 (na saída para Tangará). Tel.: (49) 3537-0535.* Diariamente, das 11:30 às 14h; quarta a sábado, das 18h à meia-noite. Buffet com comidas típicas e cerveja artesanal. Ótima opção para almoçar na cidade.

FICAR

SÃO JOAQUIM

DENTRO DAS VINÍCOLAS

***Leone Di Venezia* ♡.** *Rodovia SJM 145, nº 2800, Morro Agudo – São Joaquim. Tel.: (49) 99973-1135.*
A pequena vinícola possui algumas suítes no segundo andar. Uma paz só. Ao acordar, café da manhã e visita com degustação.

ONDE COMER E FICAR

Pousada Villa dos Vinhedos. *Vinícola Villa Francioni. Rodovia SC 114, Km 300 – São Joaquim. Tel.: (49) 99983-1496.*
Dentro do terreno da vinícola há duas casas com três e cinco suítes. Cada casa deve ser alugada por completo. É uma opção para quem gosta de cozinhar, fazer seu próprio churrasco e beber bons vinhos entre amigos. A diária inclui café da manhã e uma paisagem de tirar o fôlego.

FORA DAS VINÍCOLAS

Rio do Rastro Eco Resort ♥. *Rodovia SC 390, km 402 – Bom Jardim da Serra. Tel.: (49) 99931-6100, 99112-0073, 99112-0074.*
Exclusivo. Apesar da distância de São Joaquim, indiscutivelmente é o melhor da região. São apenas três chalés que acomodam até uma família de quatro pessoas.

São Joaquim Park Hotel. *Rua João Batista Viecili, 58 – São Joaquim. Tel.: (49) 3233-1444.*
Com vista para a igreja e para o famoso relógio digital que aparece na TV quando chega o inverno. É o hotel da cidade. Quando começa a nevar, a recepção liga para os hóspedes.

Chalé Alto da Serra. *Rua Davidoff Lessa, 89 – São Joaquim. Tel.: (49) 3233-0953.*
Pousada com seis quartos. Funcionários simpáticos e atenciosos.

Hotel Fazenda Boutique Terra do Gelo. *Rodovia SC 390 – Bom Jardim da Serra. Tel.: (49) 99191-4115.*
Mais fazenda do que boutique. Para curtir a natureza e o frio de verdade (às vezes gelo também). A 30 km de São Joaquim. Preços em conta.

TREZE TÍLIAS

FORA DAS VINÍCOLAS

Treze Tílias Park Hotel. *Rua Videira, 550. Tel.: (49) 3537-0277.*
É o maior da cidade, com oitenta acomodações. Decoração alpina. Piscina interna e quadriciclos para alugar. O restaurante serve pratos típicos austríacos. Mas não peça vinho para acompanhar, peça Linden Bier. O hotel é o único do país a possuir sua própria cervejaria. Provei os quatro tipos...excelentes!

Hotel 13 Linden / Dreizehnlinden. *Rua Pedro Nelcido Kafer, 392. Tel.: (49) 3537-0539.*
Imponente, e bem no centro, sem dúvida uma das boas opções da cidade. Confira a agenda de shows de dança e música austríaca.

Pousada Adler. *Rua João Belarmino Grando, 101. Tel.: (49) 3537-0047.*
Bem pertinho do centro, a pousada é a melhor opção da cidade para quem gosta de atendimento familiar – são apenas nove quartos – e pagar um pouco menos.

Hotel Tirol. *Rua São Vicente de Paula, 111. Tel.: (49) 3537- 0125.*
Em frente à praça, dá para ir a pé até a vinícola Kranz. Cancha de bocha, piscina aquecida e um bom restaurante. Uma bela vista para a cidade para quem escolher os andares mais altos. Oferece algumas suítes especiais. Confira no site.

ABREU GARCIA

www.abreugarcia.com.br

FUNDAÇÃO *2006* **ÁREA PLANTADA** *8 ha* **PRODUÇÃO ANUAL** *30 mil garrafas*

END. *BR 282, km 266 – Campo Belo do Sul. Para quem vem de Lages, após o km 266, entrar no ponto de ônibus à esquerda. Para quem vem do interior, após o km 267, entrar no ponto de ônibus à direita. Seguir por 17 km de estrada de terra, cruzando o travessão sobre o rio Caveiras.*
GPS *27°39'59.8"S 50°44'45.2"W* **GOOGLE** *-27.666617, -50.745889*
DISTÂNCIA DE TREZE TÍLIAS *160 km* **DISTÂNCIA DE SÃO JOAQUIM** *152 km*
VISITAS *contato@abreugarcia.com.br* **TEL.** *(49) 98848-4658 e (48) 3322-3995*
FUNCIONAMENTO *segunda à sexta, das 9 às 17h; sábado, das 13 às 18:30h*

Boutique nas alturas

Ernani Garcia, médico e pecuarista, estudava pastagens quando se deparou com um terreno propício ao cultivo da videira no planalto catarinense a 960 metros de altitude. A sede da vinícola é uma casa de montanha com a lareira sempre acesa a esperar os visitantes, acolhidos com uma taça de espumante na chegada. É para se sentir em casa mesmo.

A visita segue para os vinhedos em um platô onde há uma bela capela em pedra e um sítio arqueológico, cujas imagens estão presentes nos rótulos da casa. Retornando à vinícola, mais um espumante para animar os visitantes a seguirem para a visita mais técnica aos tanques e caves.

Para quem deseja conhecer os vinhos da Abreu Garcia sem viajar até a vinícola, basta passar na loja de Florianópolis, situada à Rua Alves de Brito, 209.

Vale conferir:

- *Festividad, um Brut Champenoise dourado, sofisticado e aromático. 100% Chardonnay. Comprei duas garrafas!*
- *Malbec Rosé. Bonito por dentro e por fora. Aromas de framboesa e morangos. Um dos melhores vinhos do guia.*
- *Chardonnay barricado. 18 meses de carvalho. Em geral o estágio em madeira de brancos é uma sútil busca da baunilha e do chocolate branco. Neste vinho são encontrados funghi, castanhas e outros aromas a frutos secos. Muita personalidade do enólogo.*

KRANZ

www.vinicolakranz.com.br

FUNDAÇÃO *2008* **ÁREA PLANTADA** *Não tem* **PRODUÇÃO ANUAL** *80 mil garrafas*

END. *Rua dos Pioneiros, 220, subsolo – Treze Tílias*
GPS *27°00'02.7"S 51°24'22.9"W*
GOOGLE *-27.000745, -51.406366*
DISTÂNCIA DO CENTRO DE TREZE TÍLIAS *300 metros*
VISITAS *marketing@vinicolakranz.com.br*
TEL: *(49) 3537-0833, ramal 6*
FUNCIONAMENTO *segunda à sexta, das 8 às 12:30h e das 13:30 às 18h; sábado, das 9 às 18h; domingo, das 9 às 13h*

Ocidente e Oriente: o assemblage perfeito

Walter Kranz, filho de austríacos nascido em Treze Tílias, conheceu sua esposa quando morava na China atuando como executivo. Com o nascimento do filho, muda tudo e volta à cidade natal. "A vida é muito bonita para fazer uma coisa só". Engenheiro exigente, revolucionou a produção do suco de maçã no Brasil com tecnologia de ponta: prove e comprove! E, mesmo sem conhecer muito, começou a produzir vinho, "uma bebida saudável e que dá prazer", segundo ele.

Fez parceria com produtores de São Joaquim, Campos Novos e Caçador, pois demoraria muito tempo para produzir se tivesse que plantar os vinhedos por conta própria. Sempre contrata os melhores enólogos para assessorá-lo em cada uma das linhas – espumantes, brancos e tintos – obtendo reconhecimentos importantes a cada safra.

A vinícola está bem no centro da cidade – dá para abusar na degustação e voltar a pé para o hotel. Ao Kranz, esposa de Walter, é quem recebe os turistas e explica todo o processo de elaboração. Mas os visitantes querem mesmo é saber como uma chinesa veio parar em Treze Tílias.

Vale conferir:

- *Fabulosum, assemblage de Malbec, Merlot e Cabernet Sauvignon. Apenas 3.400 produzidas. É fabuloso mesmo: aromático, bom corpo, equilibrado e relativamente barato. "É pra comprar de caixa".*
- *Malbec, o melhor do guia! E vem com as violetas de Luján de Cuyo.*
- *O símbolo dos vinhos é uma coroa de sete louros, oriunda da mitologia grega, representando os valores que Walter e Ao perseguem no dia-a-dia: Elegância, Tecnologia, Requinte, Sucesso, Qualidade, Excelência e Paixão.*

LEONE DI VENEZIA

www.leonedivenezia.com.br

FUNDAÇÃO *2008* **ÁREA PLANTADA** *5 ha* **PRODUÇÃO ANUAL** *8 mil garrafas*

END. *Rodovia SJM 145, nº 2800, Morro Agudo – São Joaquim*
GPS *28°14'15.9"S 49°57'16.3"W*
GOOGLE *-28.237756, -49.954522*
DISTÂNCIA DO CENTRO DE SÃO JOAQUIM *10,1 km*
VISITAS *vinicola@leonedivenezia.com.br*
TEL. *(49) 99973-1135*
FUNCIONAMENTO *quarta a domingo, das 9 às 16h*

Vero Italia

Saul Bianco, descendente de tanoeiros italianos que vieram para Caxias do Sul no início do século passado, materializou seu sonho em São Joaquim. Após 32 anos como executivo, se aposenta e vai estudar enologia na Itália. Opta pela serra catarinense para produzir vinhos de altitude apenas com uvas italianas. Plantou 26 variedades para testes e atualmente vinifica 14 delas.

Os vinhos são realmente especiais. Não são filtrados (maior longevidade) e só podem ser adquiridos na vinícola, que na verdade é um palácio, inspirado no Villa di Maser, do Veneto. A dica é se hospedar nele.

São quatro suítes localizadas no primeiro andar. Recomendo a Sangiovese e a Montepulciano, pela vista da montanha. Falando em vista, não deixe de conhecer o terraço.

Vale conferir:

- *Palazzo Ducalle. Sangiovese, Primitivo, Rego, Lagrein e Longanesi. Não passa por madeira. Apesar dos parcos 12,6° de álcool, apresenta bom volume de boca. Um vinho interessante, frutado e equilibrado.*
- *Palladio. 18 meses de carvalho. Coisa séria. Cinco uvas: Montepulciano, Refosco, Rondinela, Teroldego e Aglianico. Denso e aromático. Muito café e chocolate amargo. Final longo. Recomenda-se decantar antes de servir.*
- *Vin Santo. Elaborado com Gewürztraminer, colhida e posta a secar por três meses até passificar. O vinho envelhece dois anos em carvalho. Degustamos como na Toscana, com biscotto cantucci, molhando-o no vinho. Os italianos sabem mesmo o que é bom.*

VILLA FRANCIONI

www.villafrancioni.com.br

FUNDAÇÃO *2000* **ÁREA PLANTADA** *26 ha* **PRODUÇÃO ANUAL** *160 mil garrafas*

END. *Rodovia SC 114, km 300 – São Joaquim*
GPS *28°15'32.9"S 49°57'48.0"W*
GOOGLE *-28.259132, -49.963319*
DISTÂNCIA DO CENTRO DE SÃO JOAQUIM *6,1 km*
VISITAS *villafrancioni@villafrancioni.com.br*
TEL. *(49) 3233-8200 ou 98801-8382*
FUNCIONAMENTO *segunda à sexta, das 10 às 15:30h; sábado, domingo e feriados, das 10 às 16h*

O Ícone da Serra

Câmera a postos! Será uma das vinícolas mais belas que você visitará na vida. Preste atenção em todos os detalhes: portas, gradis, lustres, vitrais, mosaicos, móveis e pinturas. Percebe-se o carinho e o esmero empregados em toda a construção, paixão do fundador Manoel Dilor Freitas, que faleceu sem provar um vinho se quer. A empresa segue na mão da família.

A vinícola é a pioneira do enoturismo catarinense, projetada para acolher bem funcionários e visitantes. Apesar da ampla estrutura, a produção é modesta, deixando clara a importância da qualidade dos vinhos, que somente são liberados para venda a partir de dezoito meses de repouso em vidro, no caso dos tintos.

O tour percorre todas as instalações, que acompanham o relevo da serra e possuem seis níveis. O interior é tão bonito que nos esquecemos de olhar a bela vista proporcionada pelas amplas janelas que também iluminam boa parte da vinícola. Quanto à degustação, prefira a VIP, tanto pelos vinhos quanto pelo ambiente onde ocorre. Parte do valor é rembolsado na compra de vinhos.

Vale conferir:

- *Sauvignon Blanc, tão bom como qualquer chileno de primeira linha do Vale de Casablanca. Herbáceo, cítrico e fresco.*
- *VF. O assemblage de Cabernet Franc, Cabernet Sauvignon, Merlot e Malbec, e os 14 meses de carvalho francês novo, o fizeram complexo e com grande potencial de guarda. Prepare o cordeiro.*
- *"O Rosé da Madonna". Diz a lenda que a cantora provou o vinho no restaurante Fasano e se encantou, tendo levado duas caixas na bagagem. Uma das mais bonitas garrafas do Brasil.*

VILLAGGIO BASSETTI

www.villaggiobassetti.com.br

FUNDAÇÃO *2005* **ÁREA PLANTADA** *14 ha* **PRODUÇÃO ANUAL** *30 mil garrafas*

END. *Rodovia SC 114, km 64 – São Joaquim*
GPS *28°13'32.5"S 49°59'03.0"W*
GOOGLE *-28.225687, -49.984154*
DISTÂNCIA DE SÃO JOAQUIM *11 km*
VISITAS *atendimento@villaggiobassetti.com.br*
TEL. *(49) 99182-8862*
FUNCIONAMENTO *terça a sábado, das 9:30 às 12h e das 13 às 18:30h*

Em busca da essência do vinho

Uma revista sobre o Vale dos Vinhedos fez o editor Eduardo Bassetti recordar sua infância, quando ajudava o avô a fazer vinho. As memórias tomaram sua alma. A meta agora é produzir o melhor vinho nacional. Também existe a preocupação em elaborar vinhos com menos intervenção. Assim, desde a safra 2015, os vinhos tintos são elaborados com fermentação natural, isto é, sem adição de leveduras. Todos estagiam em madeira e passam o mesmo tempo em garrafa antes de serem postos à venda.

O projeto é incipiente e ainda não se justificou economicamente. “Vamos crescendo com as próprias pernas”, explica o enólogo Joelmir Grassi. Apesar de pequena, a vinícola segue inovando e experimentando: fermenta tintos e brancos em carvalho (um dos brancos com película e tudo), e desidrata uvas em busca de um Amarone Catarinense.

Da recepção à adega, o caminho por entre os vinhedos é percorrido em Kombi. A paisagem é belíssima. Em uma visita informal, são explicadas todas as etapas da elaboração.

Vale conferir:

- *Os Sauvignon Blanc são a especialidade da casa. A versão Donna Enny, fermentada em carvalho, é muito reconhecida.*
- *Ana Cristina, um Pinot que encantou. Frutado como deve ser.*

VILLAGGIO GRANDO

www.villaggiogrando.com.br

FUNDAÇÃO *2000* **ÁREA PLANTADA** *50 ha* **PRODUÇÃO ANUAL** *200 mil garrafas*

END. *SC 350 km 109 – Água Doce*
GPS *26°42'11.0" S 51°29'09.6"W*
GOOGLE *-26.703056, -51.486000*
DISTÂNCIA DE TREZE TÍLIAS *60 km; distância de Chapecó: 167 km*
VISITAS *atendimento@villaggiogrando.com.br*
TEL. *(49) 3563-1188*
FUNCIONAMENTO *segunda à sexta, das 9 às 17h; sábado, das 13 às 18:30h*

O paraíso é aqui

Valeu cada quilômetro de viagem. Uma terra rústica localizada a 1300 metros de altitude, com invernos rigorosos e vento cortante, oferece a matéria-prima ideal para construir o sonho do empresário Maurício Grando: produzir os melhores vinhos do mundo.

A vinícola é uma autêntica boutique, gerando vinhos marcantes e únicos a partir de vinte castas diferentes, oriundas dos vinhedos da propriedade, que também abriga um centro de pesquisas que dispõe de outras 140 variedades em teste. Tudo cheira à qualidade e cuidado. A produção por hectare não passa de quatro mil quilos e as barricas são usadas apenas duas vezes – um luxo. Tamanha estrutura necessita de dois a cinco anos de garrafa antes de liberada a comercialização.

A paisagem é incrível. A degustação é realizada na recepção junto ao lago com uma vista tirar o fôlego. Lareira, piano, couro, madeira e muito bom gosto compõem a decoração campestre chic. Você jurará voltar algum dia.

Vale conferir:

- Além Mar, parceria com o enólogo português António Saramago. Um assemblage de Cabernet Franc, Malbec e Merlot, cofermentados com engaços. Um vinho elegante, cheio de fruta e com acidez marcada.
- Innominabile Lote V. Neste exemplar, estamos falando de sete castas e seis safras (2004 a 2009). Cada uma estagiou seis meses em madeira. Muito complicado explicar. Para provar e refletir.
- Cabernet Sauvignon. Muito diferente do tradicional da casta. Macio. Notas balsâmicas e de frutas vermelhas. Surpreenderá.

FLORES DA CUNHA

ANTÔNIO PRADO E CAXIAS DO SUL

E o trem?
Os primeiros imigrantes italianos chegaram em 1877 a então Nova Trento que, emancipada de Caxias do Sul em 1924, foi rebatizada para homenagear o General Flores da Cunha, que prometera a extensão da ferrovia até a cidade. Situada a apenas 20 km de Caxias do Sul e a 756 metros de altitude, a cidade possui cerca de 30 mil habitantes e ostenta o título de maior produtora de vinho do Brasil!

A principal atração é o campanário com 55 metros de altura. Construído em basalto, possui cinco sinos e quatro relógios. Unindo fé e arte, há mais de cinquenta anos, no feriado de Corpus Christi, dezenas de tapetes de serragem são confeccionados, embelezando as ruas e reforçando a religiosidade dos florenses – os turistas também criam seus próprios tapetes. Flores da Cunha é também muito procurada durante a temporada de inverno, quando as temperaturas chegam perto de zero grau. Aqui foi registrada a temperatura mais baixa do guia, quatro graus, durante a visita à vinícola Salvador.

Outra curiosidade é sobre o galo, símbolo da cidade. Os moradores mais antigos contam que na década de 1930 um mágico lotou o Cine Theatro Pró-Trento prometendo cortar a cabeça de um galo e colá-la novamente no lugar com a ajuda de um líquido mágico. A história termina com o artista fugindo pela porta dos fundos levando o dinheiro de todos, enquanto prefeito e delegado,

BOSCATO
CASA VENTURINI
CHÂTEAU LACAVE
LUIZ ARGENTA
MIORANZA
MONTE REALE
SALVADOR
VIAPIANA
ZANELLA

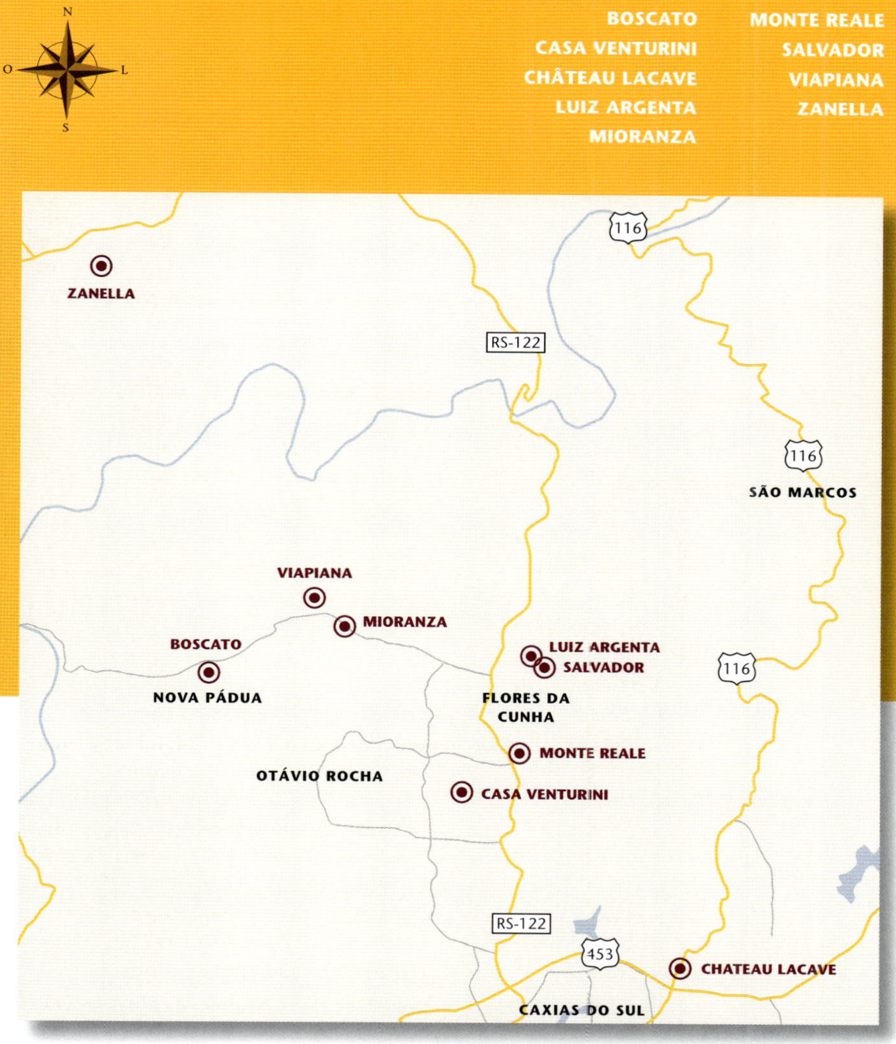

paralisados, seguravam as partes da pobre vítima. O galo virou um belo caldo, servido aos moradores, como conta a história.

Falando de vinho, em 2012 é reconhecida a Indicação de Procedência Altos Montes, que regula a atividade na área demarcada. As tintas autorizadas são: Merlot, Ancellotta, Pinot Noir, Refosco, Marselan, Tannat e as irmãs Cabernet. As brancas permitidas são: Riesling Itálico, Moscato Giallo, Malvasia de Candia, Chardonnay, Sauvignon Blanc e Gewürztraminer. O trem nunca chegou...

VINHO POR UM DIA

7 NOVAS BORBULHAS

Viapiana e Luiz Argenta são empreendimentos que vêm dando um toque mais contemporâneo à vinificação, à imagem de seus produtos e às instalações. O espumante método tradicional 575 da Viapiana, Chardonnay e Riesling Itálico, estagiou sete meses em carvalho francês antes dos 575 dias em contato com as leveduras, e foi eleito o melhor espumante brasileiro em sua categoria na Grande Prova Vinhos do Brasil 2016. A Luiz Argenta oferece uma linha mais completa. O destaque vai para o Brut 48 meses. 100% Chardonnay pelo método tradicional. Também gostei muito do LA Brut Rosé, 100% Pinot Noir também pelo método tradicional.

SUGESTÃO DE ROTEIRO: Viapiana pela manhã. Almoço e visita na Luiz Argenta.

8 BORBULHAS TRADICIONAIS

Espumantes elaborados sem inventices. É provar, gostar e comprar. Na Monte Reale, o Brut, Chardonnay e Glera, é obtido pelo método Charmat longo. O Brut Champenoise (80% Chardonnay e 20% Pinot Noir) da Casa Venturini é excelente: as borbulhas não param! O Moscatel da casa é mais cítrico que a média encontrada na região. Perfeito para as suas sobremesas ou como aperitivo.

SUGESTÃO DE ROTEIRO: Casa Venturini pela manhã. Almoce no Restaurante Rio do Vento, em Caxias do Sul. Monte Reale à tarde. No domingo, porém, almoce no Restaurante da vinícola Monte Reale ou no La Cantinetta, em Alfredo Rocha, para provar o menarrosto.

9 TINTOMANÍACOS I

A Boscato produz bons Cabernets e Merlots. Mas comece pelo Rosé. Na Viapiana, os destaques são o Marselan e o assemblage 1986.

SUGESTÃO DE ROTEIRO: Comece pela Boscato, a mais distante. Na volta, visite a Vapiana. Almoço no Casa Nostra, em Flores da Cunha.

10 TINTOMANÍACOS II

Na Zanella, foque suas atenções para os Merlot. A Luiz Argenta complementa a experiência com sua linha mais premium. Prove o Cuvée e o Merlot uvas desidratadas.

SUGESTÃO DE ROTEIRO: por ser mais distante, comece o dia na Zanella. Almoce no restaurante O Porão, em Antônio Prado, ou na Nostra Cantina, já na estrada de volta. Visita na Luiz Argenta à tarde.

11 WHITELOVERS

A Casa Venturini é famosa por seu Chardonnay, elaborado com uvas da Campanha Gaúcha. Na Luiz Argenta, a Linha Jovem oferece Riesling, Viognier, Sauvignon Blanc e Gewürztraminer. Todos bons e vêm naquelas lindas garrafas.

SUGESTÃO DE ROTEIRO: para quem está hospedado em Flores, Casa Venturini pela manhã. Estique até o restaurante Rech, em Caxias do Sul, para continuar com

VINHO POR UM DIA

os brancos à mesa. Termine seu dia na Luiz Argenta.

12 BEBENDO E APRENDENDO

Boscato e Viapiana possuem salas de degustação profissionais, e quipes preparadas para ministrar cursos de degustação e harmonização, bem como estrutura completa para refeições. Se você viaja em grupo, vale a pena conversar com as vinícolas e fechar a proposta que mais lhe convenha.

SUGESTÃO DE ROTEIRO: se estiver em grupo, almoce em alguma das vinícolas acima. Se não for o caso, o almoço pode ser na Luiz Argenta.

13 "AS BELAS DE FLORES"

A Luiz Argenta não esconde sua beleza. Praticamente dentro da cidade, a propriedade contrasta passado e futuro. À direita, um casarão típico italiano, com base de pedra e dois andares em madeira e alvenaria; ao fundo, uma construção arrojada, uma extensão da rocha basáltica mimetizada ao vinhedo ...um show! Tão diferente e tão bela quanto, é a pequenina vinícola Salvador, também mimetizada, mas ao casario do centro de Flores da Cunha. Madeira, pedra, tijolinho, cerâmica e ferro em perfeita harmonia. A iluminação, os objetos e a atenção da família ajudam a compor uma cálida aura de acolhimento.

SUGESTÃO DE ROTEIRO: Salvador pela manhã. Almoço e visita na Luiz Argenta. Aos domingos, escolha a Famiglia Veadrigo ou o La Cantinetta para almoçar.

14 COMPRAS

Mioranza e Monte Reale são tradicionais produtoras de vinhos de mesa, que já pagam as despesas da vinícola. Desta forma, os preços são bem em conta pela qualidade dos vinhos finos que você poderá adquirir. A linha Valdemiz da Monte Reale é excelente, incluindo os espumantes. Lembre-se de provar antes de comprar, ok? Próximo à Mioranza, a vinícola Panizzon, que não foi avaliada pelo guia, oferece bons vinhos a bons preços, caso do Gran Reserva Maximus.

SUGESTÃO DE ROTEIRO: Mioranza e Panizzon pela manhã. Almoço no Casa Nostra. Monte Reale à tarde.

ONDE COMER E FICAR

COMER

FLORES DA CUNHA

DENTRO DAS VINÍCOLAS

Clô (cozinha italiana). *Vinícola Luiz Argenta. Av. 25 de Julho, 700. Tel.: (54) 3292-4477. Terça a domingo, das 12 às 15h.*
Homenagem dos filhos à Dona Clorinda, que cozinhava os clássicos da culinária italiana. O restaurante acrescenta um toque internacional e contemporâneo às receitas de Dona Clô, mas mantém o espírito de integrar as pessoas ao redor de ótimos vinhos. Ambiente maravilhoso com uma vista fantástica.

Valle Del Mis (cozinha típica italiana). *Vinícola Monte Reale. Av. 25 de Julho, 5005. Tel. (54) 3292-1011. Só aos domingos, às 12h.*
Os locais disputam as mesas para saborear o galeto ao primo canto.

FORA DAS VINÍCOLAS

Chef Bio (pizzaria). *Rua Raimundo Montanari, 2061. Tel.: (54) 3292-4884. Terça a sábado, das 18 às 23h.*
Talvez a melhor pizza da viagem. Forno à lenha e ambiente aconchegante. A pizza, servida em forma de pedra, fica quentinha até o último pedaço. Carta de vinhos privilegiando os vinhos da cidade e serviço nota dez!

La Cantinetta (cozinha típica italiana). *Rua Uva Itália, 700, Alfredo Rocha. Tel.: (54) 3279-1473. Sábado, das 19 às 22h; domingo, das 11:30 às 14:30h.*
Segundo a fama, aqui é servido o melhor menarrosto do Brasil, prato típico italiano onde as carnes são assadas no rolete por horas (aqui quatro), sem contato direto com as chamas. O prato leva codorna, frango, leitão, coelho e, claro, o tempero secreto do Sr. Luiz Bernardi, que comanda a casa desde 2000. Prove também o costelão (assado por doze horas) e o sagu com creme, o melhor do guia!

Pastine (cozinha italiana). *Rua Heitor Cunha, 2354. Tel.: (54) 3292-5163. De terça a sábado, das 11:30 às 13:30h e das 19 às 22h; domingo, das 11:30 às 13:30h.*
Localizado no porão de uma casa, o restaurante aberto em 2013 serve rodízio de massas, risotos e carnes. As massas e os molhos são caseiros. Para sobremesa, torta de maçã com calda de laranja. Ambiente aconchegante, excelente atendimento e preço justo.

Famiglia Veadrigo (cozinha típica italiana). *Rodovia RS 122, km 101. Em direção a Antônio Prado, antes do pedágio, à direita. Tel.: (54) 3292-3511. Domingo, das 12 às 14h.*
O casal Gabriela e Fernandes abre o pequeno restaurante familiar apenas aos domingos. Foi a melhor fortaia da viagem. No final, depois do pudim de leite, grostoli e cafezinho. No meio do caminho, vinho da casa feito pelo Fernandes (é bom!) e os pratos típicos italianos. Destaque para o frango e a carne de porco. Abrem aos sábados para grupos.

Casa Nostra (buffet a quilo). *Rua Júlio de Castilhos, 2439. Tel.: (54) 3292-3117. Diariamente, das 11 às 14h.*
Para comer bem, pagar pouco e não perder tempo: é a melhor opção da cidade.

ANTÔNIO PRADO

FORA DAS VINÍCOLAS

Nostra Cantina (cozinha típica italiana). *Rodovia RS 122, km 122. Em direção a Antônio Prado. Tel.: (54) 3293-4057. Diariamente, aberto para o café da manhã e almoço a partir das 11:30h.*
Tábua de frios, pão caseiro, galeto ao Primo Canto e o resto que você já conhece.

O Porão Ⓡ ***(cozinha italiana e lanches).*** *Av. Valdomiro Bocchese, 6581. Tel.: (54) 3293-3131. Segunda à sexta, das 9:30 às 22h, sábado e domingo, das 11:30 às 14h e das 18:30 às 22h.*
Ambiente simples, comida farta e preço justo. O filé à parmegiana é o carro-chefe. Suco de uva branca para acompanhar.

ONDE COMER E FICAR

CAXIAS DO SUL

DENTRO DAS VINÍCOLAS

Château Lacave (cozinha italiana). *Rodovia BR 116, km 143, s/n, São Ciro. Tel.: (54) 4009-4800. Terça a sábado, das 11:30 às 15h e das 19:30 às 23h; domingo, das 11:30 às 15h*
É, de fato, um castelo, construído pela família Carrau, do Uruguai, entre 1968 e 1979. O ambiente medieval faz os visitantes viajarem no tempo. No almoço, menu fixo e fácil. Para jantar, várias sugestões, como o Jantar da corte, dos nobres, romântico e mediterrâneo. Também servem a la carte.

FORA DAS VINÍCOLAS

São Lourenzo Ⓡ ***(bistrô).*** *Rua Luiz Antunes, 205 – Bairro Panazzolo. Tel.: (54) 3021-6428. Quarta a sábado, das 11:30 às 14h; terça a sábado, das 20 às 00:30h.*
Menu conciso, baseado em carnes. Ambiente acolhedor, serviço excelente. Não deixe de começar pela salada.

Andrea Ⓡ ***(carnes).*** *Rua Marcos Moreschi, 85. Tel.: (54) 3221-1897. Segunda à sexta, das 18:30 às 23h; sábado, das 11 às 14h.*
É o mais tradicional da cidade e você ainda será recebido pelo dono! São 28 pratos de filé muito bem servidos. Como não aceitam reserva, prepare-se para uma pequena espera, mas que vale a pena.

Bugio Eco Ⓡ ***(pizzas e saladas).*** *Rua Visconde de Mauá, 390. Tel.: (54) 99143-4977. Segunda a sábado, das 11:30h à meia-noite.*
Você monta sua pizza (servida na tábua) como quiser. Ambiente rústico e descontraído. Aqui, o melhor é tomar cerveja.

Rech (frutos do mar, internacional). *Rua General Sampaio, 168, Bairro Rio Branco. Tel.: (54) 3226-1599. De segunda a sábado, das 11 às 15h.*
Talvez a melhor opção de toda a serra gaúcha para quem gosta de frutos

do mar. Comida gourmet: ingredientes de qualidade, bela apresentação, pratos individuais, comida excelente, preço alto.

Barlavento (massas e sanduíches). *RST 453, km 154, Rota do Sol. Tel.: (54) 99908-5500. Segunda à sexta, das 8 às 19h; sábado, domingo e feriado, das 8 às 20h.*
Ambiente em meio à natureza, para inverno ou verão. A proposta para você, viajante de vinícolas, é dar um break no vinho e injetar muita fruta e glicose. Sopas, massas, sanduíches e morangos! As sobremesas são gigantes e feitas com os morangos plantados na propriedade.

FICAR

DENTRO DAS VINÍCOLAS

FLORES DA CUNHA

Tri Pousada Ⓡ. *Belvedere Sonda, s/n – Nova Pádua. Tel.: (54) 3292-5730.*
Apenas oito quartos. Vista maravilhosa e atendimento acolhedor.

Tri Hotel. *Rua John Kennedy, 1031. Tel.: (54) 3292-3399.*
Praticamente a única opção da cidade. Simples, mas atende bem. Bom café da manhã. Piscina aquecida, sauna, fitness center, quadras de tênis e futebol.

Hotel Fiório. *Avenida 25 de julho, 5500. Tel.: (54) 3292-2900.*
Simples e funcional. Para uma noite apenas.

ANTÔNIO PRADO

Pousada Colonial de Rossi. *Capela Santo Isidro, Linha Silva Tavares – Antônio Prado. Tel.: (54) 3293-1771.*
Uma casa típica italiana da década de 50, esvaziada com o passar do tempo, fez um dos filhos fincar raízes e receber hóspedes nas seis cabanas de dois quartos cada ou em uma das seis suítes.

BOSCATO

www.boscato.com.br

FUNDAÇÃO *1983* **ÁREA PLANTADA** *15 ha* **PRODUÇÃO ANUAL** *380 mil garrafas*

END. *VRS 814, Rodovia Ângelo Araldi, km 12,5 – Nova Pádua*
GPS *29°01'41.6"S 51°18'01.6"W*
GOOGLE *-29.028219, -51.300451*
DISTÂNCIA DO CENTRO DE FLORES DA CUNHA *12,5 km*
VISITAS *boscato@boscato.com.br*
TEL. *(54) 3296-1377*
FUNCIONAMENTO *segunda à sexta, das 8 às 11:45h e das 13 às 18h*

Master Class em enologia

Quando criança, Clovis ajudava o pai a cuidar dos vinhedos. Formou-se em enologia. Trabalhou na indústria química, mas a paixão pelo vinho era mais forte e logo montou sua vinícola, moderna e automatizada. Você conhecerá equipamentos que nunca viu antes, como fermentadores maceradores e um equipamento para corrigir os efeitos do Ph do solo no vinho, garantindo sua longevidade e coloração. A Boscato também é autosuficiente quando o assunto é laboratório e controla a temperatura online em diversos pontos do vinhedo. Para visitar o vinhedo, localizado a 3 km, é necessário agendar.

Para obter-se o melhor dos aromas secundários, os vinhos fermentam a temperaturas mais baixas do que o convencional. A diferença é percebida na garrafa.

Para receber quem deseja aprender mais, a vinícola dispõe de um espaço enogastronômico com restaurante e sala de análise sensorial.

Vale conferir:

- *Cave Cabernet Sauvignon. Uma grande surpresa! Não falta nada nesse vinho. "Chocolate puro". Excelente pelo preço. Comprei duas garrafas.*
- *Gran Cave Merlot. "Coisa linda". 1,3 Kg por planta. Aveludado, redondo, elegante. Sugiro decantar meia hora antes de começar os trabalhos. Compare com o Cave Merlot durante a degustação.*
- *Anima Vitis, o ícone da vinícola. Corte de Cabernet Sauvignon, Merlot, Ancelotta, Refosco e Alicante Bouschet. Estruturado, taninos presentes e redondos. Complexo como um vinho desta estirpe deve ser. Muita ameixa, cacau e especiarias. Decantar de uma a duas horas antes de servir.*

CASA VENTURINI

www.casaventurini.com.br

FUNDAÇÃO *1989* **ÁREA PLANTADA** *13 ha* **PRODUÇÃO ANUAL** *8 milhões de garrafas*

END. *São Gotardo – Flores da Cunha. Siga as placas*
GPS *29°03'60.0"S 51°12'23.9"W*
GOOGLE *-29.066655, -51.206645*
DISTÂNCIA DO CENTRO DE FLORES DA CUNHA *8,7 km*
VISITAS *atendimento@casaventurini.com.br*
TEL. *(54) 3292-2710*
FUNCIONAMENTO *segunda à sexta, das 8 às 11:30h e das 14 às 17:30h; sábado, das 9 às 11:30h e das 13:30 às 17h; domingo e feriados sob agendamento*

O perlage sem igual

O axioma "grande produtor de vinhos de mesa produz excelentes vinhos finos a preços módicos" nunca foi tão verdadeiro. Localizada entre Flores e Caxias, a vinícola era a sede da Vinícola São Roque, de São Paulo. Hoje está nas mãos de José Venturini e Paulo Góes.

São produzidas em torno de 200 mil garrafas de vinhos finos anualmente. As uvas são de produtores parceiros na Campanha, Muitos Capões e da própria Serra Gaúcha no caso dos espumantes.

A visita percorre a zona de recepção, produção e caves. Logo é chegada a etapa preferida: a degustação. Gratuita, são provados todos os produtos: dois brancos, três tintos e dois espumantes. O Merlot não passou em madeira. Tem fruta, corpo, estrutura e graduação alcóolica agradável. O rótulo do Cabernet já é um aviso do que está preso pela rolha: um vinho mais arisco e agressivo, que precisa de uma bela carne de caça para ser dominado. Utiliza uvas tanto da Campanha como de Muitos Capões.

Vale conferir:

- *O Sauvignon Blanc é "muito muito bom". Goiaba, tomate e aspargos. Acidez na medida e um toque mineral.*
- *Chardonnay, macio e aromático, parece até que passou por madeira. Pêssego, flores brancas e algo mais. Comprei uma caixa!*
- *O Moscatel...talvez seja o melhor do guia. Como diz a ficha técnica, "para voar basta fechar os olhos e tirar os pés do chão". Bem equilibrado. Sabemos que é doce, mas não se sente. Aroma incofundível da Moscato com nuances de maçã verde.*
- *O Brut, 80% Chardonnay e 20% Pinot Noir tem um perlage "biônico": não para nunca! O líquido é amarelo-palha, cremoso e com o sutil aroma da levedura, mas sem enjoar.*

CHÂTEAU LACAVE

www.lacave.com.br

FUNDAÇÃO *1978* **ÁREA PLANTADA** *Não Possui* **PRODUÇÃO ANUAL** *Não informado*

END. *BR 116, km 143 – Caxias do Sul*
GPS *29°07'34.0"S 51°07'31.5"W*
GOOGLE *-29.126113, -51.125407*
DISTÂNCIA DE FLORES DA CUNHA *24 km*
VISITAS *visitacao@lacave.com.br*
TEL. *(54) 4009-4822*
FUNCIONAMENTO *terça a sábado, das 9 às 19h; domingo, das 10 às 15h*

O sonho de pedra de Juan Carrau

Juan Carrau, o mesmo da Bodega Carrau do Uruguai, veio passar férias com a esposa na Serra Gaúcha e percebeu a oportunidade de produzir vinhos finos para os brasileiros, que praticamente só conheciam os vinhos de mesa vendidos em garrafão. Usou como base do projeto a planta de um castelo espanhol do século XI e adaptou-a para a produção de vinhos. A construção utilizou pedras de basalto encaixadas uma a uma sem utilizar cimento e levou 10 anos, sendo finalizada em 1978.

O vinho Antiquário, único no Brasil a utilizar uma garrafa em estilo português como o Mateus Rosé, foi produzido no castelo até 2012. Atualmente os vinhos com a marca do castelo são produzidos por outras vinícolas da região.

O foco da visita é percorrer os espaços do castelo e degustar alguns produtos ao final. Uma das principais atrações da visita é a réplica da Bocca della Verità (Boca da Verdade) de Roma. Conta a lenda que se alguém dissesse uma mentira e colocasse a mão na boca, esta seria mordida e decepada pela escultura.

Vale conferir:

- *Na degustação, além de vinho, vodca, aperitivo de whisky, grappa e suco de uva.*
- *O restaurante tem um ambiente medieval e serve almoço típico italiano e algumas opções diferentes no jantar.*

LUIZ ARGENTA

www.luizargenta.com.br

FUNDAÇÃO 2009 **ÁREA PLANTADA** 55 ha **PRODUÇÃO** 240 mil garrafas

END. *Av. 25 de Julho, 700 – Flores da Cunha*
GPS *29°01'21.6"S 51°10'53.2"W*
GOOGLE *-29.022681, -51.181440*
DISTÂNCIA DO CENTRO DE FLORES DA CUNHA *5,6 km*
VISITAS *luizargenta@luizargenta.com.br*
TEL. *(54) 3292-4477*
FUNCIONAMENTO *segunda à sexta, das 8 às 18h; sábado, domingo e feriados, das 9:40 às 18h. Tours de terça a domingo, às 10, 14, 15 e 16h*

Vinhos, charme e design

Instalada no terreno da Granja União, a primeira vinícola a produzir vinhos finos no Brasil, em 1929, a família Argenta deu a luz à vinícola mais bonita do país. Construída sobre um bloco de basalto, a arquitetura privilegia a sustentabilidade, aproveitando, ao máximo, gravidade, água, luz e temperatura naturais. As garrafas italianas da Linha Jovem também são sustentáveis, já que são reaproveitáveis de tão belas e funcionais. Difícil não ser influenciado ao degustar: é o presente perfeito!

A família prima pela qualidade em todos os detalhes, principalmente dentro das garrafas. Os vinhedos com 16 variedades são próprios e todos os tintos estagiam em garrafa antes de serem vendidos. A degustação é itinerante, começando por um espumante na chegada. Depois, a cada andar, um vinho e uma história, além das explicações sobre o processo de elaboração até chegar-se ao "berçário" onde os vinhos repousam em "lençóis franceses" – a sala de degustação da cave é a mais incrível que já conheci. O Restaurante Clô possui vista para cidade e para os vinhedos, devendo fazer parte de seus planos. Ao final, reserve tempo para degustar mais alguma coisa na loja, que mais parece uma profumeria de Milão.

Vale conferir:

- *Brut 48 meses Champenoise 100% Chardonnay.*
- *LA Sauvignon Blanc. Maracujá e frescor.*
- *LA Viognier. O que você acha da combinação de jasmim e limão siciliano?*
- *Finalmente um Pinot para levar para casa!*
- *Luiz Argenta Merlot. Quatro anos para ser produzido. Denso. Menta, ameixa e especiarias.*
- *Os Cabernets são fantásticos, tanto o LA (frutas, taninos e acidez) quanto o Luiz Argenta (pura fruta temperada com especiarias de todas as partes do mundo).*

MIORANZA

www.mioranza.com

FUNDAÇÃO *1964* **ÁREA PLANTADA** *70 ha* **PRODUÇÃO ANUAL** *8 milhões de garrafas*

END. *VRS 814 – Rodovia Ângelo Araldi da Cunha, km 6, Alfredo Chaves – Flores da Cunha*
GPS *29°00'46.1"S 51°15'02.9"W*
GOOGLE *-29.012815, -51.250799*
DISTÂNCIA DO CENTRO DE FLORES DA CUNHA *6,8 km*
VISITAS *Preencher formulário no site*
TEL. *(54) 3297-5700*
FUNCIONAMENTO *segunda à sexta, a combinar*

Vinhos de qualidade ao alcance de todos

Antonio Mioranza "escapou" do seminário após sete anos. De volta à roça, começou a ajudar o pai, mas não aguentou dois anos. "Comprei um caminhão e caí no mundo", comenta. Foi direto para o Rio de Janeiro, onde os portugueses lhe encomendaram vinho. Assim, Seu Antonio e seu caminhão fizeram muitas viagens transportando vinho da serra gaúcha para várias partes do país.

A Mioranza se dedica à produção de vinho suave – os vinhos finos não representam nem 5% da produção. São muitos toneis de madeira e tanques de inox para dar cabo da enorme produção. Mas os vinhos finos são muito bem cuidados e produzidos como em qualquer outra vinícola. O maquinário é todo italiano.

Vale conferir:

- *Cinquentenário. Elaborado para celebrar os 50 anos da vinícola. Cabernet Sauvignon, Merlot e Ancellotta. Muito equilíbrio. Estruturado e frutado. Um dos melhores do guia. Apenas 3.270 garrafas produzidas.*
- *A linha Alvise de vinhos finos apresenta a melhor relação custo-benefício do guia. Inacreditável!*

MONTE REALE

www.montereale.com.br

FUNDAÇÃO *1972* **ÁREA PLANTADA** *não tem* **PRODUÇÃO ANUAL** *1,4 milhões de garrafas*

END. *Av. 25 de Julho, 5005 – Flores da Cunha*
GPS *29°03'15.6 S 51°11'08.6"W*
GOOGLE *-29.05434, -51.18571*
DISTÂNCIA DO CENTRO DE FLORES DA CUNHA *4,6 km*
VISITAS *relacionamento@montereale.com.br*
TEL. *(54) 3292-1011*
FUNCIONAMENTO *segunda à sexta, das 8 às 11:30h e das 13:30 às 17:30h; sábado, das 10 às 18h; domingo, das 9:30 às 11:30h; feriados, das 10 às 17h*

Viticultores desde 1300

A família Mioranza produzia vinhos no Veneto desde 1300. No Brasil, instala-se em Caxias do Sul e segue no mundo do vinho. A maior parte da produção é de vinhos de mesa, sob a marca Monte Reale. A linha de vinhos finos foi criada somente em 1999 e utiliza a marca Valdemiz. Como o negócio ainda não depende desta linha, os preços são bem atraentes.

A visita percorre as zonas de recepção e produção, onde todas as etapas são explicadas. A cave é uma atração à parte, onde a história da empresa é contada em garrafas. A vinícola dispõe de restaurante que prepara um concorrido almoço típico italiano aos domingos, ou em qualquer dia para grupos a partir de trinta pessoas. En breve será inaugurada uma cervejaria artesanal em meio aos tanques de fermentação e, no futuro, um pub. Também há planos para um hotel.

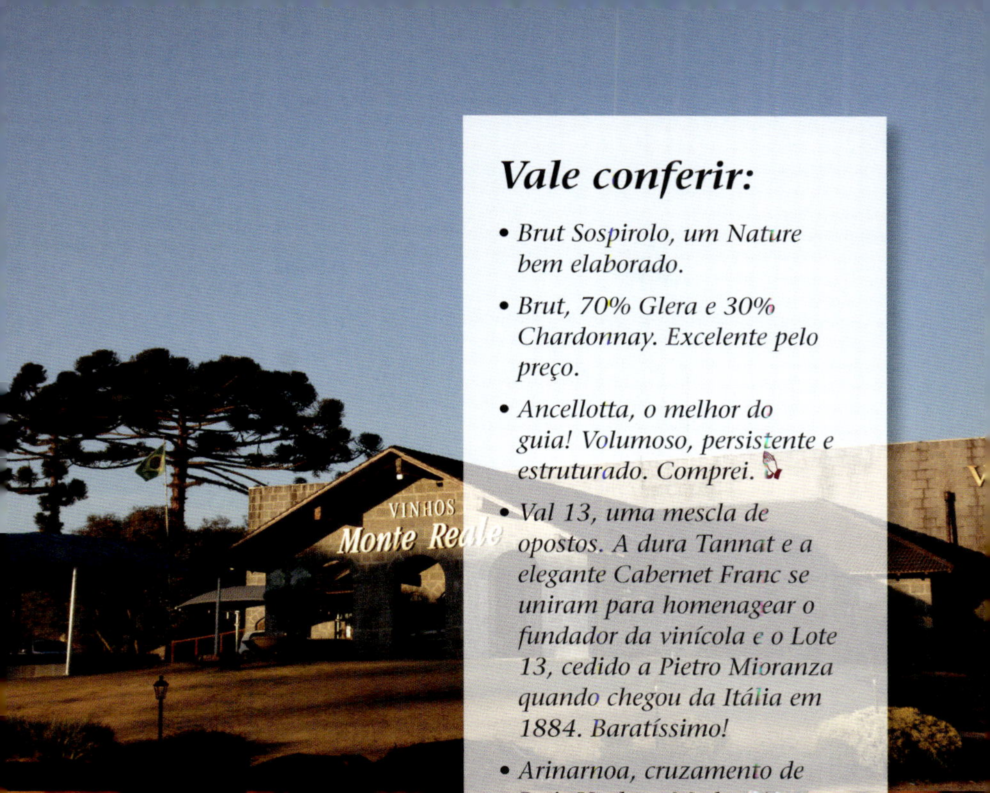

Vale conferir:

- *Brut Sospirolo, um Nature bem elaborado.*
- *Brut, 70% Glera e 30% Chardonnay. Excelente pelo preço.*
- *Ancellotta, o melhor do guia! Volumoso, persistente e estruturado. Comprei.*
- *Val 13, uma mescla de opostos. A dura Tannat e a elegante Cabernet Franc se uniram para homenagear o fundador da vinícola e o Lote 13, cedido a Pietro Mioranza quando chegou da Itália em 1884. Baratíssimo!*
- *Arinarnoa, cruzamento de Petit Verdot e Merlot. Aromas vegetais e compota de frutas dominam o olfato.*

SALVADOR

www.vinicolasalvador.com.br

FUNDAÇÃO *1998* **ÁREA PLANTADA** *não tem* **PRODUÇÃO ANUAL** *220 mil garrafas*

END. *Rua Júlio de Castilhos, 1880 – Flores da Cunha*
GPS *29°01'38.8"S 51°10'38.6"W*
GOOGLE *-29.027430, -51.177393*
DISTÂNCIA DO CENTRO DE FLORES DA CUNHA *2,9 km*
VISITAS *salvador@vinicolasalvador.com.br*
TEL. *(54) 3292-3388*
FUNCIONAMENTO *segunda a sábado e feriados, das 8 às 11:45h e das 13:30 às 17h; domingo, das 9 às 11:45h*

A Bela de Flores

A vinícola ocupa um prédio de 1911 onde originalmente funcionava um moinho e que depois foi ocupado pela Cooperativa Vinícola Riograndense por décadas. A família Salvador instalou-se em 1998. Ao entrar senti uma sensação de incredulidade e deslumbramento devido à primorosa ambientação. Se não tivesse sido feita pela família, diria que é um trabalho profissional de cenografia.

O negócio é típico italiano, isto é, quem tem a vinícola não tem a uva. Os vinhedos pertencem a parceiros antigos de Flores da Cunha, Nova Pádua e Caxias do Sul. "A proposta enoturística é desmistificar o vinho, tornando-o mais simples e palpável para as pessoas", explica Daniel Salvador, enólogo. Queremos que as pessoas provem mais, entendam mais e comprem mais.

Os vinhos são francos e tradicionais, sem muita complicação. "Fazemos vinhos que as pessoas gostam", explica Daniel. "Não há milagre: vinho bom é feito de uva boa". Quem visita é sempre atendido pela família. É uma ótima opção para quem gosta de beber e falar de vinho. Neste caso, a sugestão é fugir dos fins de semana para ter mais tempo e atenção.

Vale conferir:

- *Casa Salvador Moscato. Um vinho regional, sem pretensões, mas bem agradável. Um dos campeões de venda. "De graça".*
- *Salvattore Chardonnay. Um digno representante da casta, com aromas a frutas tropicais e acidez balanceada.*
- *Salvattore Merlot. Arisco, nervoso.*
- *Salvattore Cabernet Sauvignon. Muito bom! Frutas vermelhas e taninos presentes, pedindo uma carne.*

VIAPIANA

www.vinhosviapiana.com.br

FUNDAÇÃO 1986 **ÁREA PLANTADA** 20 ha **PRODUÇÃO ANUAL** 120 mil garrafas

END. *Travessão Alfredo Chaves, s/n – Flores da Cunha*
GPS *29°00'14.4"S 51°15'42.2"W*
GOOGLE *-29.004011, -51.261737*
DISTÂNCIA DO CENTRO DE FLORES DA CUNHA *8,7 km*
VISITAS *viapiana@vinhosviapiana.com.br*
TEL. *(54) 3297-5144*
FUNCIONAMENTO *segunda à sexta, das 7:30 às 12h e das 13:30 às 18h; sábado, das 9:30 às 12h e das 13:30 às 17h; domingo sob agendamento*

Tradição e Modernidade

Três gerações trabalham na empresa, que prima pela qualidade de suas uvas e por uma vinificação cuidadosa. Segundo Débora Viapiana, a vinícola crescerá devagar: "Não vamos sacrificar a qualidade por nada".

A modernidade está presente tanto dentro das garrafas, com vinhos frutados e equilibrados, quanto nos rótulos, que se transformam em jogos interativos estimulando a conversa entre o consumidor e a vinícola. O mascote Gerant, homenagem aos avôs Gervázio e Antônio, aparece em todas as etiquetas e também é personagem dos jogos.

A vinícola dispõe de uma das melhores estruturas para receber visitantes. É, de fato, um enoespaço, com boutique, wine bar, restaurante e sala de cursos. Tudo moderno, confortável e aconchegante. Para quem vai em grupo, vale a pena organizar um curso e almoçar. Ou fazer o curso e ficar para o happy hour no verão.

Dentre os rótulos, o Via 1986 é espetacular. Um corte premium 60% Merlot, 30% Cabernet Sauvignon e 10% Cabernet Franc. 24 meses em barrica. Estruturado e só 12,8° de álcool. Baixo rendimento por hectare. Apenas 1.500 garrafas produzidas em safras especiais. Decantar antes de servir.

Vale conferir:

- *Brut Champenoise 250 dias. Talvez o único 100% Riesling Itálico do Brasil.*
- *Brut Champenoise 575 dias. 70% Chardonnay e 30% Riesling Itálico. Para ser servido às refeições. Ótimo volume de boca, "classudo". Eleito o melhor em sua categoria na Grande Prova de Vinhos do Brasil 2016.*
- *Expressões Chardonnay. 14 meses em carvalho. Aqui o abacaxi dá lugar à maçã. Toques lácteos invadem a boca trazendo cremosidade. Excelente!*
- *Expressões Marselan. Ótimo exemplar da cepa. Couro, especiarias. Campeão em sua categoria na Grande Prova de Vinhos do Brasil 2016.*

ZANELLA

www.vinicolazanella.com.br

FUNDAÇÃO *2005* **ÁREA PLANTADA** *14 ha* **PRODUÇÃO ANUAL** *45 mil garrafas*

END. *Linha Almeida, s/n, Santa Lúcia – Antônio Prado*
GPS *28°53'36.7"S 51°20'28.2"W*
GOOGLE *-28.89354, -51.34116*
DISTÂNCIA DO CENTRO DE FLORES DA CUNHA *44,7 km*
VISITAS *vinicolazanella@vinicolazanella.com.br*
TEL. *(54) 3226-3955*
FUNCIONAMENTO *diariamente, horário a combinar*

A chácara que virou vinícola

Começou por brincadeira entre os irmãos que passavam os fins de semana na chácara da família. Hoje o negócio é sério e um dos filhos é o enólogo responsável. A pequena produção permite cuidados especiais, como climatizar as uvas por 24 horas antes da fermentação e utilizar tanques pequenos para acompanhar melhor cada lote.

Churrasqueira e piscina trazem aquele clima de fim de semana com a família – sorte dos proprietários. Para os visitantes, é um encontro com a natureza. Os gansos soltos pela estrada dão as boas vindas. Lago, vinhedos e montanhas formam um cartão postal. Ao longo da visita, o canto dos pássaros como música de fundo.

Para quem deseja vivenciar todo este ambiente por mais tempo, a vinícola desenvolveu a Settimana in Cantina, um programa que é um sonho para qualquer enófilo. Uma semana hospedado na casa da família, mas trabalhando duro na adega preparando os tanques para a fermentação, elaborando o licor de expedição para os espumantes e fazendo um vinho, que será acompanhado pelo grupo via internet até estar pronto. Cada participante recebe cem garrafas do vinho produzido.

Vale conferir:

- *Reserva Merlot. Elegante e frutado. Metade do vinho passa em carvalho novo por doze meses. Um dos melhores vinhos do guia.*
- *Espumante Zanella Nature 70% Chardonnay e 30% Pinot Noir com dois anos de autólise. Boa compra!*
- *Para 2017 a vinícola prepara a linha Pedro. Um Extra Brut com três anos de autólise e um corte de Cabernet Sauvignon, Merlot, Tannat e Alicante Bouschet. A conferir.*

VINHO POR UM DIA

Devido à proximidade entre as regiões, as vinícolas de Garibaldi, Vale dos Vinhedos, Bento Gonçalves e Pinto Bandeira, estarão reunidas nos roteiros a seguir.

15 BORBULHAS DE GARIBALDI

Garibaldi é a capital do espumante. Comece logo cedo na Cooperativa de Garibaldi provando o premiado Moscatel e o Brut Chardonnay. Se conseguir, prove também o Giuseppe e o Champenoise Extra Brut da linha Acordes. A Peterlongo fica bem pertinho e produz o único e verdadeiro champagne do Brasil, o Elegance Nature. Experimente também o Moscatel. Na Chandon, uma aula lhe espera, além da melhor degustação de charmats da América do Sul.

SUGESTÃO DE ROTEIRO: Cooperativa de Garibaldi e Peterlongo pela manhã. Almoço no Restaurante Del Filippi. Chandon à tarde.

16 BORBULHAS COM SOBRENOME

Este roteiro é formado por reconhecidos produtores de espumantes. Na Salton, prove o Évidence e o Reserva Ouro, que combina Chardonnay, Pinot Noir e Riesling. Na Casa Valduga, a linha RSV dá as boas-vindas com espumantes de até 25 meses de maturação. No andar de cima, os dois exemplares da linha Gran, com 60 meses em autólise. Na Miolo, prove a linha Cuvée Tradition e o Millésime Brut D.O.

SUGESTÃO DE ROTEIRO: Salton pela manhã. Almoço no restaurante da Casa Valduga. Fim de tarde na Miolo.

17 BORBULHAS NAS ALTURAS

Este roteiro em Pinto Bandeira reúne a fina-flor dos espumantes brasileiros. A Família Geisse produz os melhores espumantes do país. Quanto mais degustar, mais vai comprar. Prove o Rosé de 24 meses, algum Nature e o Blanc-de-Blanc. Na Don Giovanni, o Rosé que leva Merlot é um dos destaques. Prove também o intenso Brut 24 meses. Se tiver tempo, passe na Valmarino e prove o Extra Brut Tinto.

SUGESTÃO DE ROTEIRO: almoce na Casa Vanni, nos Caminhos

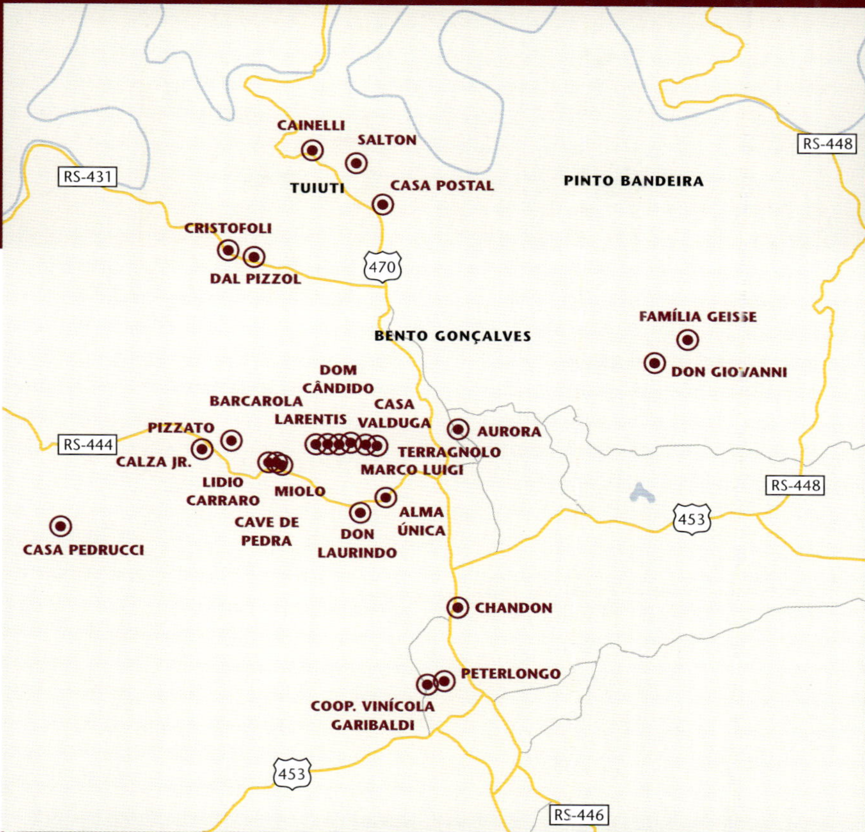

de Pedra, e depois suba até Pinto Bandeira para as visitas. Comece na Don Giovanni e coroe seu dia com a degustação da Família Geisse. Se começar nas vinícolas pela manhã, almoce no Champenoise Bistrô (aberto de quinta a domingo apenas) e continue as visitas à tarde.

18 BORBULHAS ARTESANAIS

Este roteiro é muito especial. São produtores de pequena escala, apaixonados pelo que fazem. Comece pela Casa Pedrucci, uma microchampanharia no interior de Garibaldi que produz espumantes de guarda, como o Millésime. A Calza Jr. elabora, entre outros, um espumante ancestral (uma única fermentação na garrafa) além de uma ótima conversa e preços bem em conta.

SUGESTÃO DE ROTEIRO: comece pela Casa Pedrucci e em apenas 20 minutos você estará na Calza Jr se for por dentro (use o GPS). Almoço no Restaurante Nonna Matilde, em Monte Belo do Sul.

VINHO POR UM DIA

19 TINTOMANÍACOS

Na Alma Única você degustará tintos redondos e muito bem elaborados, como o 100% Syrah e o Parte 2, um elegante assemblage de Merlot e Cabernet Sauvignon. A Miolo traz, além dos ícones do Vale dos Vinhedos – Lote 43 e Merlot Terroir D.O.. O Tannat Vinhas Velhas, da Almadén, e o nordestino Syrah Testardi.

SUGESTÃO DE ROTEIRO: Alma Única pela manhã. Almoço na tradicional Churrascaria Ipiranga, em Bento Gonçalves. Miolo após o almoço.

20 WHITELOVERS

Onde há bons espumantes, há bons brancos. A Pizzato elabora o Chardonnay Legno, um vinhaço! A Casa Valduga não fica muito atrás com o Grand Leopoldina e, quase em frente, o potente Chardonnay da Terragnolo o espera. A Miolo surpreendeu com o seu Alvarinho.

SUGESTÃO DE ROTEIRO: Miolo pela manhã e Casa Valduga em seguida, onde será o almoço. Comece os trabalhos vespertinos na Terragnolo e feche este dia dourado na Pizzato, provando o melhor branco do Brasil.

21 VINHOS DE EXCEÇÃO

Este roteiro reúne vinhos muito especiais. Na Salton, os destaques são o Desejo - Merlot mais redondo da região – o possante Nini e o complexo Septimum. A Milantino elabora duas verdadeiras joias: Gran Reserva 2005, um assemblage único de Ancellotta, Merlot e Tannat; e Gran Vino, irmão mais novo, safra 2008. A Pizzato esbanja qualidade: DNA 99, Concentus e Verve Gran Reserva.

SUGESTÃO DE ROTEIRO: Salton pela manhã. Almoço no Restaurante Pignatella. Milantino logo após e fim de tarde na Pizzato.

22 CEPAS RARAS

Neste roteiro você poderá provar variedades pouco comuns. Na Barcarola, Rebo, Lagrein e Teroldego. Na Lidio Carraro, Nebbiolo, Teroldego e a espanhola Tempranillo. A Larentis produz excelentes Reservas de Marselan, Ancellotta e Teroldego.

SUGESTÃO DE ROTEIRO: Lidio Carraro e Barcarola pela manhã.

Almoço na Casa Madeira. Larentis à tarde.

23 SEM MADEIRA

O uso equilibrado do carvalho para "afinar" os vinhos é a tendência da década. Alguns produtores, porém, decidiram banir seu uso e vinificar apenas o que a natureza lhes dá. A Lidio Carraro oferece várias gamas de vinho conforme o cuidado no vinhedo, concentração e tempo de envelhecimento. Dal Pizzol e Barcarola focam na elaboração de varietais.

SUGESTÃO DE ROTEIRO: Dal Pizzol pela manhã. Almoço no Giordani Gastronomia Cultural. Barcarola logo após e Lidio Carraro fechando o dia.

24 TRADIÇÃO ITALIANA

A influência italiana está por toda Serra Gaúcha e, sobretudo, nas vinícolas. A Cainelli mantém um museu que reproduz uma típica residência colonial italiana. Já na Cristofoli, os visitantes têm uma experiência gastronômica familiar no porão da casa centenária.

SUGESTÃO DE ROTEIRO: Cainelli pela manhã. Almoço e visita na Cristofoli.

25 CLÃ VALDUGA I

Este é, sem dúvida, o sobrenome mais representativo do vinho fino brasileiro. O mesmo terreno no Vale dos Vinhedos é cultivado por quatro famílias com o mesmo sobrenome e que seguem em busca da qualidade em tudo que fazem. A Casa Valduga, a mais conhecida, merece uma visita caprichada e, se possível, o pernoite. Aproveite para participar de alguma das experiências como a festa da vindima ou a Wine Experience. O ambiente na Dom Cândido faz todos se sentirem em casa. Não deixe de provar o Marselan, cepa introduzida pela vinícola no país.

SUGESTÃO DE ROTEIRO: Dom Cândido para começar o dia. Visita e almoço na Casa Valduga.

26 CLÃ VALDUGA II

A Marco Luigi possui uma linda cave encrustada na rocha, onde safras antigas estão à venda. Uma boa opção para fazer um piquenique se o clima ajudar. Como diz o ditado, "tamanho não é documento", sobretudo no mundo do vinho. A Terragnolo de Sandro Valduga é a menor delas, mas produz os melhores e mais caros

VINHO POR UM DIA

vinhos da família. Prove o Merlot e o Marselan.

SUGESTÃO DE ROTEIRO: Marco Luigi pela manhã. Piquenique na própria vinícola ou almoço no Restaurante Zandonai. Terragnolo à tarde.

27 BEBENDO E APRENDENDO

A Casa Valduga oferece diariamente pela manhã o curso de degustação Segredos do Mundo do Vinho. Para aprender como harmonizar vinho e comida, há duas opções: queijo e vinhos à tarde e harmonização de pratos ao entardecer, seguido de jantar. A Miolo criou a Escola do Vinho que propõe para quem deseja aprender a degustar, um minicurso (2 horas) ou o curso completo (dia todo). Para quem deseja fazer vinho mesmo, é só se inscrever no Programa Winemaker, que dura vários meses até o vinho ficar pronto. A Aurora possui uma sala de degustação profissional aberta aos que querem conhecer melhor a alta gama da casa. A degustação é gratuita e conduzida por sommelier.

SUGESTÃO DE ROTEIRO: Aurora pela manhã. Almoço no Restaurante Mamma Gema. Curso à tarde na Miolo ou na Casa Valduga.

28 COMPRAS

Muitas opções e preço baixo? A dica é começar pelas cooperativas. "As três grandes" também são boa opção, pois oferecem uma gama variada e promoções constantes.

SUGESTÃO DE ROTEIRO: Vinícola Garibaldi para os espumantes. Siga para a Aurora. Almoço na Casa Di Paolo. Salton, Casa Valduga e Miolo, nesta sequência, à tarde.

29 PEQUENAS PRODUÇÕES

Casa Pedrucci, Barcarola e Casa Postal são empreendimentos familiares com produção inferior a 20 mil garrafas. O vinho e as uvas são o esteio destas tradicionais famílias produtoras. Espere estruturas simples, conversas francas e experiências verdadeiras.

SUGESTÃO DE ROTEIRO: Casa Pedrucci pela manhã. Almoço na Casa Postal e fim de tarde na Barcarola.

30 "ESBARRE COM O DONO"

Diferente do Chile e da Argentina, na Serra Gaúcha boa parte dos donos estão à frente de seus negócios. Claro que não estão 100% do tempo recebendo as pessoas, pois podem estar cuidando dos vinhedos ou viajando para divulgar seus vinhos, comprar equipamentos etc., mas a chance é grande. Quando isso acontece, a experiência fica envolta de magia e, a partir de então, tudo poderá acontecer, como visitar uma cave escondida, provar rótulos raros, ser convidado para almoçar com a família e até ajudar a fazer o vinho. Esbarrei com o dono: Larentis, Alma Única, Cainelli, Calza Jr. Casa Pedrucci, Barcarola, Marco Luigi, Dom Cândido, Cristofoli, Lidio Carraro, Cave de Pedra, Don Laurindo, Milantino, Casa Postal e Pizzato. Sortudo, não?

SUGESTÃO DE ROTEIRO: Quanto mais visitas, maior a chance de esbarrar. Boa sorte!

31 CRIANÇAS

Seguramente visitar vinícolas não é o passeio predileto dos pequenos, mas é cada vez mais comum fazer tours onde crianças de todas as idades estão lado a lado com seus pais, até mesmo no colo ou no carrinho. Felizmente, muitas das vinícolas produzem suco de uva para integrar os menores nas degustações. A vinícola Dal Pizzol possui um parque enorme, playground e um lago cheio de patos e cisnes.

SUGESTÃO DE ROTEIRO: visite a Dal Pizzol pela manhã e almoce em algum dos restaurantes de culinária típica italiana, como o Del Filippi ou a Casa Di Paolo, que certamente terão opções que agradarão os pequenos e os grandes.

32 "AS BELAS DE BENTO"

Impossível visitar o Vale dos Vinhedos e não notar a construção mais emblemática da paisagem: o castelo da vinícola Cave de Pedra, erguido com dezenas de milhares de pedras. A Casa Valduga possui as mais belas caves da serra e uma loja bem bonita. Na Salton, a beleza já começa pela fachada e jardins. Durante a visita, a saga da família é contada pelos pinceis que registram fatos marcantes desde a fundação, além de retratar de forma magnífica um pouco da vida dos colonos italianos.

SUGESTÃO DE ROTEIRO: Salton pela manhã. Almoço e visita na Casa Valduga. Termine o dia na Cave de Pedra.

BENTO GONÇALVES
E PINTO BANDEIRA

Localizada a apenas 110 km de Potro Alegre, Bento está a 690 metros de altitude e tem 115 mil sortudos moradores. A cidade é a maior produtora de móveis e o maior destino enoturístico do país, com várias vinícolas para conhecer e outros roteiros que garantirão entretenimento e quilos a mais para toda a família. O Vale dos Vinhedos é apenas um dos roteiros da cidade.

Comece no passado, visitando A Epopeia Italiana, um espetáculo em que você caminha ao lado de um casal de imigrantes por diversos cenários desde a Itália até chegar ao Brasil. Bem em frente, outra viagem o aguarda: a Maria Fumaça que o levará até Carlos Barbosa com muita música, vinho e alegria.

Na Rota das Cantinas Históricas, em Faria Lemos, comece pelo Armazém que funciona como centro de informações e oferece pão quentinho aos que chegam. O campanário da cidade brinda a todos com uma bela vista (tire uma foto com os sinos). Bem, chega de turismo e visite a Dal Pizzol e a Cristofoli, onde é possível almoçar com reserva.

Mas na hora do almoço, bom mesmo é estar nos Caminhos de Pedra, que reúne em 12 km muitos atrativos, a começar pelos restaurantes Nona Ludia e as Casas Vanni, Ângelo e Fracalossi.

CAINELLI
CASA POSTAL
CRISTOFOLI
COOP. VINÍCOLA AURORA
DAL PIZZOL
DON GIOVANNI
FAMÍLIA GEISSE
SALTON

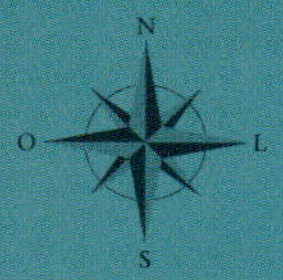

Já abastecido, siga conhecendo outras casas (da ovelha, da erva-mate, da tecelagem, das cucas, do tomate, das massas e do artesanato).

Para quem tem fôlego e sede, é só subir alguns quilômetros até Pinto Bandeira e provar os melhores espumantes das Américas na Família Geisse, Valmarino e Don Giovanni, que dispõe de pousada.

O dia seguinte também vai ser longo. Conheça o Belvedere do Espigão no caminho para Veranópolis. Depois é só descer e parar na Cainelli para visitar uma autêntica casa colonial italiana. Bem pertinho, agende com antecedência o tour evolução na Salton. O almoço pode ser na vinícola Casa Postal. Para manter a pressão alcoólica, prove as cachaças na Casa Bucco e as cervejas do Birrificio Süd Brau.

ONDE COMER E FICAR

COMER

DENTRO DAS VINÍCOLAS

Casa postal (bistrô). *Rua Buarque de Macedo, s/n. Tel.: (54) 3458-1233. Quinta à segunda, das 9:30 às 17h.*
Ambiente tranquilo sempre. Funciona com menu fixo. Sugiro ligar e perguntar o que estão servindo.

FORA DAS VINÍCOLAS

CIDADE

Caldeira ♥ ***(cozinha de autor).*** *Rua Antonio Ducatti, 138. Tel.: (54) 3701-0272. Terça a sábado, das 19:30 às 23h.*
Rafael Caldeira, ex-executivo da área de comunicação, deu asas a um sonho de adolescência: cozinhar. Instalou-se em um bairro residencial para oferecer comida boa e farta em um ambiente moderno e despojado. Frango na cerveja, filé na redução de balsâmico coberto com amêndoas e a massa com bacalhau fazem a alegria dos clientes, locais em sua maioria. Mas nada se compara ao Ossobuco no molho vermelho com ervas. Simpático e atencioso, Rafael consegue estar em todos os lugares ao mesmo tempo.

Arte in Tavola ♥ ***(cozinha italiana).*** *– Farina Park Hotel. RST 453, km 106 (estrada que liga Bento a Caxias). Tel.: (54) 3458-7003. Segunda a sábado, a partir das 19:30h.*

Cordeiro assado, legumes com tagliolini ao molho de cogumelos. Ou uma lasanha de coelho? O restaurante, escondido no subsolo do Hotel Farina, tem paredes de pedra, arcos separando os ambientes e objetos antigos. Ideal para um jantar a dois ou com amigos. Não deixe de experimentar o gelato da casa, elaborado com receita e em maquinário italianos.

Bistrô Café com Arte* ♥ *(bistrô). *Rua Marques de Souza, 354. Tel.: (54) 2621-5302. Terça à sexta, das 19 às 23h; sábado, das 11 às 14:30h e das 19 às 23h.*
Ideal para quem deseja fugir da típica refeição italiana e das churrascarias. A decoração é colorida e divertida. Muita cor nos pratos também, que pode ser um hamburguer incrementado ou um risoto blue cheese bem temperado. O atendimento é informal, bem legal, sem o lado chato, esnobe e "gourmetizado" de alguns restaurantes.

ONDE COMER E FICAR

Sapore & Piacere (cozinha de autor). *Rua Dr. Casagrande, 500. Tel.: (54) 3055-4586. Terça, quarta e sexta, das 11:30 às 18:30h; quinta, das 11:30 às 22h; sábado, das 11:30 às 14:30h.*
Opção perfeita para quem deseja comer bem e não perder tempo. O esquema é simples: mesa de antepastos e prato do dia, sempre colorido (às vezes florido) e delicioso. Para quem perdeu a hora e não quer atrapalhar o jantar, que tal um chá da tarde? Prove ao menos dois. Depois, caminhe até a Casa do Queijo Buona Tavola e compre um queijo colonial para levar de recordação. A marca Granja Cichelero, que provei na vinícola Cristofoli, é minha preferida.

Churrascaria Ipiranga* Ⓡ *(churrasco e cozinha típica italiana). *Rua Olavo Bilac, 200. Tel.: (54) 3452-3278. Terça a domingo, das 11:30 às 14:30h.*
É a melhor opção de churrasco da cidade. Serviço, ambiente e preços mais do que aprovados.

Rosmarino* Ⓡ *(buffet). *Rua Dr. Casagrande, 582. Tel.: (54) 3454-1778. Diariamente, das 11 às 14h.*
Melhor buffet da cidade. Muitas saladas e opções de pratos quentes. Caseiro e elaborado ao mesmo tempo. Bacalhau aos sábados.

Pirandello (cozinha italiana e pizzaria). *Rua Henry Hugo Dreher, 370. Tel.: (54) 3452-4786. Terça a domingo, a partir das 19h.*
Uma das melhores opções para os hóspedes do Hotel Dall'Onder -por isso está sempre cheio. Rodízio de pizza, rodízio de filets e massas. Bem variado, agradará a toda a família.

Nella Pietra (pizzaria). *Rua 15 de novembro, 8, esquina com Henry Hugo Dreher. Tel.: (54) 3452-4000. Diariamente, a partir das 19h.*
O grande diferencial é a pizza na pedra, quentinha até o último pedaço. Mais de sessenta opções salgadas e doces. Nella Pietra especial: panceta,

queijo camembert, cogumelos de Paris, molho bechamel e rúcula. Deliciosa.

Botequim São Bento (boteco). *Rua Henry Hugo Dreher, 273. Tel.: (54) 2621-3152. Terça a domingo, a partir das 18:30h.*
Chega de vinho! Aqui quem manda é a cerveja. Música ao vivo e petiscos para acompanhar.

Dolce Gusto (padaria e confeitaria). *Rua Henry Hugo Dreher, 463. Tel.: (54) 3055-3366. Segunda à sexta, das 8:30 às 20h; sábado, das 8 às 19:30h.*
Outra boa opção na cidade para quem perdeu a hora dos restaurantes: sanduíches feitos na hora, pratos rápidos e a torta de morango mais famosa da cidade. Um expresso e a conta.

Viverone Café Boutique (cafeteria). *Rua Dr. Carlos Flores, 301. Tel.: (54) 3449-1914. Diariamente, das 11 às 22:30h.*
Outro coringa da cidade. Ambiente bonito e um cardápio que funciona a qualquer hora.

CAMINHOS DE PEDRA

Casa Vanni (cozinha italiana). *Linha Palmeiro, 795. Tel.: (54) 3455-6383. Diariamente, das 11 às 17h (cafeteria) e das 11:45 às 15:30 (restaurante).*
Uma casa histórica de 1935, restaurada em 1996. O restaurante funciona desde 2008, oferecendo risotos, massas e carnes. Ideal para quem vai ou volta de Pinto Bandeira.

ONDE COMER E FICAR

Casa Ângelo* Ⓡ *(cozinha típica italiana). *Estrada para São Pedro, 26. Tel.: (54) 3455-0175. Quarta a segunda, das 11:30 às 15:30h.*
Um dos melhores de Bento. Polenta, picanha, massas... e a comida não para de chegar.

Nona Ludia* Ⓡ *(cozinha típica italiana). *Tel.: (54) 3455-0157. Quarta à sexta, das 11:30 às 14h; sábado, domingo e feriado, das 11:30 às 15h.*
A casa é de 1880 e foi reformada em 1994. Comece com a tábua de frios e vá curtindo bem devagar. Prove o suco de uva e não dispense as sobremesas. Convém reservar.

VALE DO RIO DAS ANTAS

Pignatella (cozinha típica do norte da Itália). *Estrada Buarque de Macedo, 435, Tuiuty. Tel.: (54) 3458-1099, 99986-8859 e 99207-3613. Diariamente, das 12 às 16h e das 19 às 21:30h.*
Comida caseira do Tirol italiano. Sopa de Canederli, arroz com espumante, carne ao vinho entre outros. Entre as vinícolas Salton e Cainelli.

PINTO BANDEIRA

Champenoise* Ⓡ *(Bistrô). *Linha Amadeu, s/n. Tel.: (54) 98115-3900. Quinta a domingo, das 12 às 15h. Happy hour das 15 às 19h.*
Muita natureza do lado de fora. Dentro, qualidade, sabor, simplicidade e amor. São dois menus, com entrada, principal e sobremesa. A casa é adepta do slow food, ou seja, os pratos são espaçados, para que você curta o ambiente, a comida e sua companhia.

FICAR

DENTRO DAS VINÍCOLAS

Pousada Don Giovanni. *Linha Amadeu, km 12 – Pinto Bandeira. Tel.: (54) 99691-7392*
Apenas sete quartos. Decoração rústica e muita tranquilidade. E, claro, os espumantes e vinhos da vinícola.

FORA DAS VINÍCOLAS

***Villa Tuiuty Pousada de Charme* ♥.** *RSC 470, km 204, Tuiuty – Bento Gonçalves. (54) 3458-1720.*
Muito charme, natureza e um tratamento familiar aos hóspedes com alto nível de atenção. São muitas opções, desde suítes, chalés e a casa mãe, com três quartos. Decoração de montanha, com muita

madeira e pedra. A apenas dez minutos de caminhada da vinícola Salton.

***Pousada do Chalé* Ⓡ.** *Rua São Paulo, 787 – Bento Gonçalves. Tel.: (54) 3452-2763.*
Perto do centro, mas muito tranquila, esta pousada é um achado. Dois chalés com 17 suítes. Além da localização, o espaço gourmet com churrasqueira é outro diferencial. É só alugar e desfrutar os vinhos que comprou e uma boa carne com a família.

***Pousada Cantelli* Ⓡ.** *Linha Palmeiro, s/n, São Paulo, Caminhos de Pedra – Bento Gonçalves. Tel.: (54) 3455-6266.*
Uma experiência diferente, pitoresca. Construída em uma casa centenária, a pequena pousada com apenas três acomodações é toda em pedra. Mas não se assuste. As suítes são modernas e bem equipadas. Ideal para casais.

Dall'Onder Grande Hotel. *Herny Hugo Dreher, 197 – Bento Gonçalves. Tel.: (54) 3455-3555.*
"Sempre haverá um quarto". É o maior hotel da região, com 265 acomodações. Chegando em Bento sem reserva, tente primeiro aqui. Ótima localização, próximo a restaurantes e bares. Oferece recreadores e outras atividades para a criançada.

Dall'Onder Vittoria Hotel. *Rua Treze de maio, 800 - Bento Gonçalves. Tel.: (54) 3455-3000.*
Mais próximo ao centro e do shopping. E bem mais novo que o Grande Hotel. Excelente café da manhã.

Farina Park Hotel. *RST 453, km 106 – Farroupilha. Tel.: (54) 3458-7033*
O hotel tem bons preços e um ótimo café da manhã. Está na estrada entre Bento e Caxias. Perto para quem vai a Garibaldi e ao Vale dos

Vinhedos, aos Caminhos de Pedra e Pinto Bandeira. Também está bem localizado para quem vai a Flores da Cunha. O Restaurante Arte in Tavola é um dos melhores da cidade. Ideal para jantar naquela noite que você estiver mais cansado.

Hotel Laghetto Viverone. *Rua Carlos Flores, 301 – Bento Gonçalves. Tel.: (54) 3449-1919.*
Quartos espaçosos e com bela vista da cidade para quem ficar nos andares mais altos. Excelente academia com sauna seca. Brinquedoteca para os pequenos.

Pousada Sonho da Serra. *Rua Doutor Raul Moreira, 221, São Roque – Bento Gonçalves. Tel.: (54) 3452-0445.*
Localizada em um bairro residencial próximo ao roteiro das cantinas históricas. Atendimento familiar e preços em conta. Muitas dicas de passeios...nada como ouvir os locais.

Hotel Vinocap. *Rua Barão do Rio Branco, 245, centro – Bento Gonçalves. Tel.: (54) 3455-7100.*
Dá para ir a pé até a vinícola Aurora! Bom custo-benefício, mas nem todas as acomodações possuem ar condicionado.

COOPERATIVA VINÍCOLA AURORA

www.vinicolaaurora.com.br

FUNDAÇÃO *1931* **ÁREA PLANTADA** *16 ha* **PRODUÇÃO ANUAL** *26 milhões de garrafas*

END. *Rua Olavo Bilac, 500 – Bento Gonçalves*
GPS *29°10'19.8"S 51°30'56.0"W*
GOOGLE *-29.172167, -51.515570*
DISTÂNCIA DO CENTRO DE BENTO GONÇALVES *1km*
VISITAS *não é necessário agendar*
TEL. *(54) 3455-2095 e 3455-2051*
FUNCIONAMENTO *segunda a sábado, das 8:15 às 17:15h; domingo, das 8:30 às 11:30h*

A Grande Família da Serra

Dezesseis famílias fundaram a cooperativa que hoje conta com 1.100 associados em 18 municípios. É a maior produtora e exportadora de vinho e suco de uva do Brasil. Utiliza mis de 60 variedades de uvas e elabora mais de 200 rótulos, vários deles fazendo parte da história como Sangue de Boi, Marcus James e Keep Cooler, mistura de vinho, suco de frutas e gás, sucesso de vendas nos anos 80. Mas sua visita focará apenas a linha Aurora, a linha premium da empresa, sendo boa parte microvinificada.

A Aurora é a pioneira em enoturismo (1967) e é a maior atração da cidade, recebendo mais de 150 mil visitantes por ano. Quem visita conhecerá a história e a filosofia da empresa. Boa parte do tour acontece no subterrâneo. Não deixe de registrar o corredor de bandeiras e as estátuas de Santo Antônio, Dionísio e Bacco. O foco da empresa é conseguir receber grandes grupos de excursão, mas é possível reservar tours menores ou fazer o minicurso de degustação (gratuito), que precisa ser reservado com três dias de antecedência.

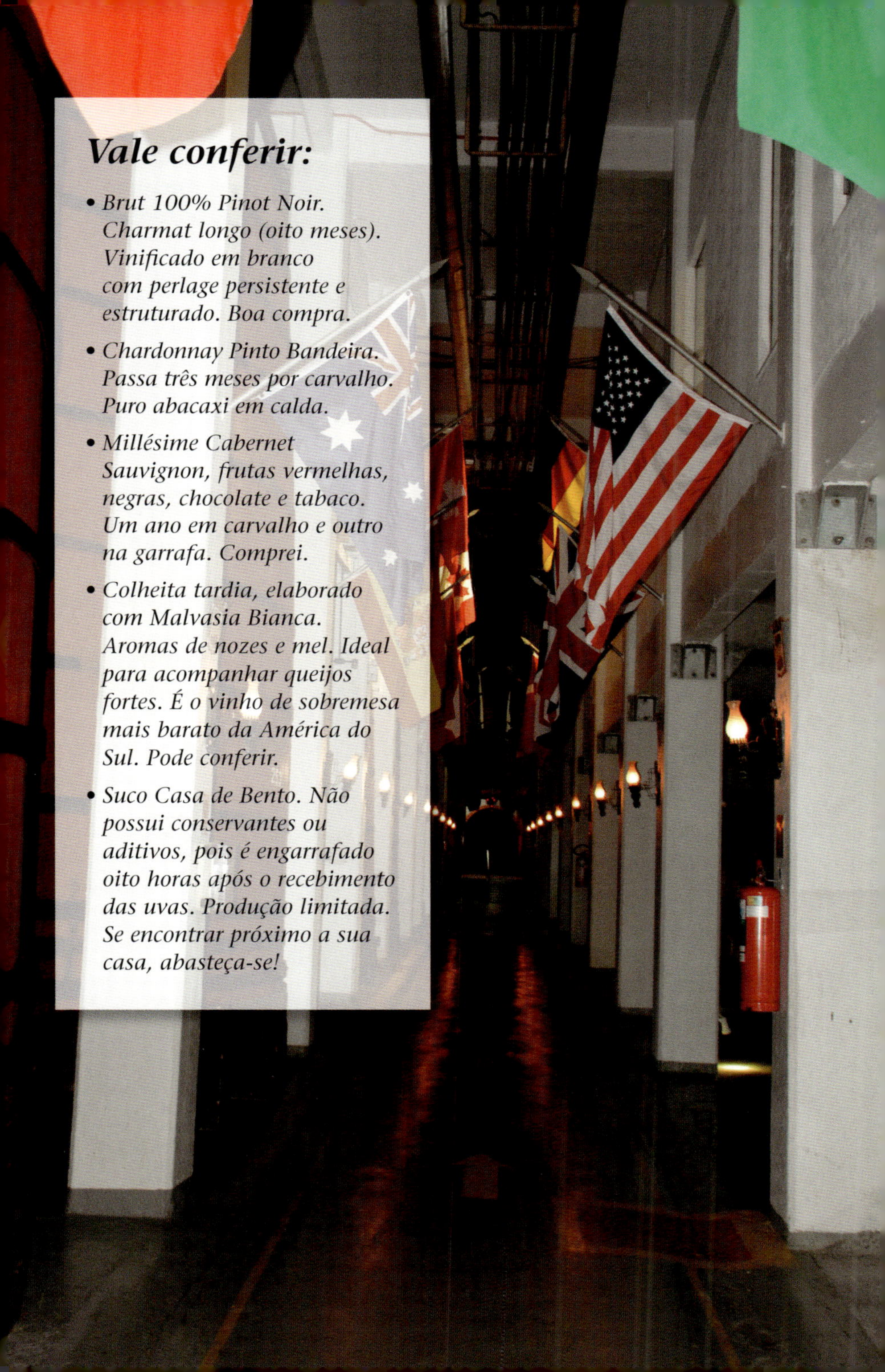

Vale conferir:

- *Brut 100% Pinot Noir. Charmat longo (oito meses). Vinificado em branco com perlage persistente e estruturado. Boa compra.*
- *Chardonnay Pinto Bandeira. Passa três meses por carvalho. Puro abacaxi em calda.*
- *Millésime Cabernet Sauvignon, frutas vermelhas, negras, chocolate e tabaco. Um ano em carvalho e outro na garrafa. Comprei.*
- *Colheita tardia, elaborado com Malvasia Bianca. Aromas de nozes e mel. Ideal para acompanhar queijos fortes. É o vinho de sobremesa mais barato da América do Sul. Pode conferir.*
- *Suco Casa de Bento. Não possui conservantes ou aditivos, pois é engarrafado oito horas após o recebimento das uvas. Produção limitada. Se encontrar próximo a sua casa, abasteça-se!*

CAINELLI

www.vinicolacainelli.com.br

FUNDAÇÃO *2004* **ÁREA PLANTADA** *6 ha* **PRODUÇÃO ANUAL** *50 mil garrafas*

END. *Rodovia RS 470, km 202,6, Tuiuty - Bento Gonçalves*
GPS *29°04'29.8"S 51°34'16.4"W*
GOOGLE *-29.074949, -51.571220*
DISTÂNCIA DO CENTRO DE BENTO GONÇALVES *13,5 km*
VISITAS *contato@vinicolacainelli.com.br*
TEL. *(54) 3458-1441*
FUNCIONAMENTO *diariamente, das 9 às 18h*

Fé, Família, Trabalho e Solidariedade

Esses foram os ingredientes que fizeram com que os imigrantes italianos vencessem. A família Cainelli chegou em 1875 do Tirol italiano e, desde então, produz vinho. Essa é uma história comum a várias vinícolas da região, normalmente contada pelos guias. Mas aqui é o único lugar onde o visitante poderá conhecer como era uma casa típica italiana do início do século passado, e não apenas imaginar.

No porão, onde funciona a recepção, se fazia o vinho e se guardavam queijos, salame e banha. No andar de cima vivia a família. E no terceiro andar, o lugar mais seco da casa, os grãos eram armazenados. Como forma de homenagear os antepassados, o segundo andar foi transformado em um museu comunitário que reproduz a casa da família. O estilo italiano é pouco apegado aos detalhes, diferente do alemão, mais cuidado e ornamentado. O importante era acomodar toda a família. Bem interessante.

Para quem visita a vinícola entre janeiro e março, é possível participar da colheita e da pisa. A atividade é bem divertida e inclui o merendim, lanche típico composto por pães, frios, queijo e muito vinho, claro.

Vale conferir:

- *Origem 1929, o ícone da vinícola. Um Marselan frutado e com especiarias na medida certa. Macio e mentolado.*
- *Lorena, variedade desenvolvida em Bento Gonçalves pela Embrapa, é um cruzamento de Malvasía Bianca e Seival. Vale conhecer.*
- *Noccino, uma grapa com nozes, tradicional do Tirol italiano. "Reza a lenda" que uma nogueira era plantada quando a filha nascesse e, quando casasse, a árvore era cortada para fazer a cama do casal. Com as nozes era feito o licor, distribuído a parentes e amigos como símbolo de prosperidade no dia do casamento. Além das nozes, se sente cravo e canela. Afrodisíaco, segundo a lenda também.*

CASA POSTAL

www.casapostal.com.br

FUNDAÇÃO *1956* **ÁREA PLANTADA** *43 ha* **PRODUÇÃO ANUAL** *8 mil garrafas*

END. *Estrada Buarque de Macedo, s/n, São Valentim – Bento Gonçalves*
GPS *29°05'37.3"S 51°32'41.1"W*
GOOGLE *-29.093693, -51.544752*
DISTÂNCIA DO CENTRO DE BENTO GONÇALVES *10,6 km*
VISITAS *casapostal@casapostal.com.br*
TEL. *(54) 3458-1253*
FUNCIONAMENTO *quinta à segunda, das 9:30 às 17:30h (visitação). O Bistrô está aberto todos os dias para almoço*

Coisa de Família

"Elaborar vinhos e cozinhar com o coração é fazer do amor o ingrediente principal. É dar aos outros parte de si, incorporando parte da própria alma de quem os faz". Este é o espírito da visita. Venha para beber e comer. A Chef é da família e enóloga. O almoço harmonizado é simples e rápido, ideal para quem está de passagem entre uma vinícola e outra. Salada, massa, prato principal e sobremesa.

A família Postal produz vinhos há várias gerações. Como muitas, começaram vendendo uvas e, depois, vinho a granel. Em 2002 entraram no mercado de vinhos finos, vendidos apenas na vinícola.

A vinícola é um pequeno empreendimento familiar – filho na vinícola e pai nos vinhedos, na Campanha Gaúcha, onde está sendo conduzida uma experiência biodinâmica.

Vale conferir:

- *Casa Postal 100% Ancellotta.*
- *Casa postal Assemblage – Cabernet Sauvignon, Merlot e Ancellotta. Perfeito para acompanhar seu almoço no Bistrô.*

CRISTOFOLI

www.vinhoscristofoli.com.br

FUNDAÇÃO *1998* **ÁREA PLANTADA** *10 ha* **PRODUÇÃO ANUAL** *13 mil garrafas*

END. *Rodovia RS 431, km 6, s/n, Faria Lemos – Bento Gonçalves*
GPS *29°06'35.8"S 51°36'09.8"W*
GOOGLE *-29.109943, -51.602713*
DISTÂNCIA DO CENTRO DE BENTO GONÇALVES *13,4 km*
VISITAS *cristofoli@vinhoscristofoli.com.br*
TEL. *(54) 3439-1190 ou 99917-1903*
FUNCIONAMENTO *segunda à sexta, das 8 às 11:30h e das 14 às 17h; sábado, domingo e feriados, das 9:30 às 17h*

"Nossa vida é o vinho"

A Cristofoli é a gioielli da Rota das Cantinas Históricas. Angelo Cristofoli chegou com as primeiras levas de imigrantes no final do século XIX e plantou os parreirais por volta de 1900. A viticultura é a principal atividade da família, hoje na quarta geração. Os vinhos sempre foram feitos no porão da casa, onde hoje funcionam loja e restaurante, sendo a produção transferida para o prédio em frente, construído na década de 90. A Cristofoli não usa madeira na elaboração dos vinhos.

Tudo é feito pela família e em família. No começo da visita, o visitante conhece toda a história e aí já se sente um Cristofoli, tamanha a simplicidade e simpatia de todos. Para se sentir ainda mais em casa, há várias opções. O almoço harmonizado é caseiro e gostoso. Para quem quer beliscar, o Spuntino é ideal (café, frios, biscoitos).

Para uma experiência realmente diferenciada, a vinícola criou o "Edredom nos Parreirais". Você escolhe o vinho e o resto é por conta da vinícola. Até a música. São dois horários por dia e acomoda até seis pessoas. Concorrido.

Vale conferir:

- *Brut Rosé. Adorei e comprei!*
- *Merlot, o melhor da visita.*
- *Licor da Nona, para finalizar o almoço.*
- *Prove o balsâmico, feito artesanalmente.*

DAL PIZZOL

www.dalpizzol.com.br

FUNDAÇÃO *1974* **ÁREA PLANTADA** *42 ha* **PRODUÇÃO ANUAL** *270 mil garrafas*

END. *Rodovia RS 431, km 5,3, s/n, Faria Lemos – Bento Gonçalvess*
GPS *29°06'43.7"S 51°35'36.1"W*
GOOGLE *-29.112136, -51.593361*
DISTÂNCIA DO CENTRO DE BENTO GONÇALVES *12,4 km*
VISITAS *dalpizzol@dalpizzol.com.br*
TEL. *(54) 3449-2255*
FUNCIONAMENTO *segunda à sexta, das 9 às 11:40h e das 13:30 às 17h; sábado, domingo e feriados, das 10 às 16:30h*

"Parque de Diversões"

Mais do que uma vinícola, os irmãos Rinaldo e Antônio Dal Pizzol criaram um centro de cultura e lazer para os enófilos e seus acompanhantes, de preferência as crianças. Escolha um dia de sol e temperatura agradável para poder desfrutar da vinícola com a maior área verde do guia. Patos, pavões, galinhas d'angola colorem a paisagem com sons e movimentos.

Há "brinquedos" para crianças e adultos. Enquanto as crianças correm no gramado sem fim, os mais velhos conhecerão o Vinum Mundi, um vinhedo com cerca de 400 variedades de uvas de todo o mundo. A cada ano é elaborado um vinho com as uvas deste vinhedo. No interior do prédio principal, visite o Ecomuseu, que exibe os vinhos brasileiros que marcaram época, além de objetos e utensílios ligados à produção e à cultura do vinho.

Na hora de degustar, prepare-se: a linha é extensa. A maior surpresa é o fato dos vinhos serem elaborados sem madeira. O resultado é incrível. Como era de se esperar, a fruta vem em primeiro lugar, mas acompanhada de equilíbrio, maciez e até certa cremosidade. Mesmo nos varietais.

Vale conferir:

- *Gamay Beaujolais. Leve, taninos discretos, com um toquinho de acidez. Pode ser consumido um pouco mais gelado.*
- *O Cabernet Franc "Do Lugar" é ótimo custo-benefício.*
- *Touriga Nacional, elaborado para comemorar os 200 anos da chegada da família real. Aromas florais e de frutas do bosque.*
- *Ancellotta, uva nativa da Emiglia-Romana, é dos melhores do guia. Cremoso, com taninos redondos.*
- *40 anos, Merlot, Cabernet Sauvignon, Tannat e Nebbiolo (esta última passou em madeira). Quase um Bordeaux. Ideal para uma bela e suculenta carne de caça.*
- *Para terminar, o Brut traditionelle!*

DON GIOVANNI

www.dongiovanni.com.br

FUNDAÇÃO *1981* **ÁREA PLANTADA** *18 ha* **PRODUÇÃO ANUAL** *70 mil garrafas*

END. *VRS 805, Linha Amadeu, km 12 – Pinto Bandeira*
GPS *29°08'52.5"S 51°26'23.4"W*
GOOGLE *-29.147908, -51.439836*
DISTÂNCIA DO CENTRO DE BENTO GONÇALVES *13,3 km*
VISITAS *varejo@dongiovanni.com.br*
TEL. *(54) 99691-7392*
FUNCIONAMENTO *segunda à sexta, das 8 às 11:45h e das 13 às 17:30h; sábado das 9 às 17:30h; domingo e feriados, das 9 às 13h*

Espumantes diferenciados... e vinhos também.

O casarão dos anos 1930 foi comprado pela Família Dreher, tradicional produtora de conhaque, até hoje no comando da vinícola. Agora abriga uma pousada com sete suítes (para aqueles que querem total privacidade, há também uma cabana escondida no meio dos vinhedos).

O foco da vinícola é a produção de espumantes. Mas os tranquilos também são excelentes, pois não há pressão por volume. Só são elaborados quando a natureza permitir. Prove alguns e você se surpreenderá.

Além do terroir, o segredo para espumantes tão delicados com borbulhas sedosas e agradáveis é uma fermentação longa (ao menos dois meses) e outros tantos em repouso na câmara fria.

Há muitos locais para realizar a degustação, inclusive na sala profissional.

Vale conferir:

- *Don Giovanni Rosé. Também leva Chardonnay, além de Pinot Noir e Merlot. Aroma de rosas, delicado, bem suave.*
- *Don Giovanni Brut 24 meses. Mais intensidade e persistência.*
- *Cuvée Segundo Acto, assemblage de Merlot, Ancellotta, Tannat e Cabernet Sauvignon. Frutas maduras e muito bouquet pela frente. Potente e persistente. Esse eu comprei.*
- *Cabernet Franc. Excelente. Como o terroir de Pinto Bandeira faz diferença! Carvalho bem integrado, framboesa, cassis e tabaco.*

FAMÍLIA GEISSE

www.cavegeisse.com.br

FUNDAÇÃO *1979* **ÁREA PLANTADA** *25 ha* **PRODUÇÃO ANUAL** *240 mil garrafas*

END. *Linha Jansen, s/n - Pinto Bandeira*
GPS *29°08'22.4"S 51°25'40.2"W*
GOOGLE *-29.13957, -51.42784*
DISTÂNCIA DO CENTRO DE BENTO GONÇALVES *16,2 km*
VISITAS *preencher formulário no site*
TEL. *(54) 3455-7461 ou 3455-7462*
FUNCIONAMENTO *segunda à sexta, das 9 às 11:30 e das 13 às 17h; sábado, das 10 às 17h; domingo, das 10 às 16h*

O Reino das Borbulhas

Mario Geisse veio ao Brasil para trabalhar na Chandon em 1976, mas logo montou sua vinícola em Pinto Bandeira, então distrito de Bento Gonçalves, situado a 800 metros de altitude. A visita é toda voltada à produção dos espumantes, explicando desde a fermentação aos processos de amadurecimento, remuage e dégorgement. Após degustar os espumantes de Mario Geisse, você vai se decepcionar com muitos champagnes – faça um teste cego em casa com os amigos.

Há três coleções – Amadeus, Cave Geisse e Cave Geisse Premium – classificadas pelo tempo de autólise – 12, 24 e 36 meses - respectivamente. Sugiro degustar seis espumantes Cave Geisse na aconchegante recepção. Ouça a sugestão dos guias quanto à ordem, pois sabem o que fazem.

Hoje em dia, Mario vive no Chile, onde é enólogo-chefe da Viña Casa Silva, mas também elabora vinhos que levam seu nome. São muito bons, tanto o Reserva quanto o Gran Reserva: é provar e comprar. O Carménère é um expoente, não devendo nada aos melhores de sua terra natal.

Vale conferir:

- *Rosé Brut. 100% Pinot Noir.*
- *Blanc de Blanc Brut. Ma-ra-vi-lho-so! Frescura, cremosidade e elegância obtidas após três anos de autólise.*
- *Terroir Nature. Elaborado sem adição de açúcar, requer excelência na vinificação. O resultado é único. Prove e comprove.*
- *Terroir Rosé Brut. Fermenta em madeira por seis meses e adormece por 48 meses junto com as leveduras. Gastronômico e cheio de personalidade.*

SALTON

www.salton.com.br

FUNDAÇÃO *1910* **ÁREA PLANTADA** *200 ha* **PRODUÇÃO ANUAL** *2,4 milhões de garrafas*

END. *Rua Mário Salton 300, Distrito de Tuiuty - Bento Gonçalves*
GPS *29°04'48.1"S 51°33'15.4"W*
GOOGLE *-29.080032, -51.554289*
DISTÂNCIA DO CENTRO DE BENTO GONÇALVES *13,6 km*
VISITAS *reserve no site da vinícola*
TEL. *(54) 2105-1061*
FUNCIONAMENTO *segunda à sexta, das 9 às 16h; sábado, das 10 às 16h; domingo e feriados, das 10 às 16h*

Sinta-se especial

Que bela vinícola! Jardins bem cuidados, uma fachada imponente e muita arte. Pinturas e tapeçaria retratam a origem do vinho, a vindima tipicamente italiana e a trajetória da empresa e da família. A saga dos Salton por aqui se inicia com Antonio Salton, que abre um armazém de secos e molhados em Bento Gonçalves no final do século XIX. Em 1910, a família inicia a produção de vinho e, na década de 1930, a de espumantes, sendo líder no mercado nacional, produzindo mais de nove milhões de garrafas por ano. Confesso, porém, que foram os vinhos tranquilos que surpreenderam.

Aqueles que optarem pelo Roteiro Evolução, restrito a doze pessoas e com agendamento, sentir-se-ão especiais. Um sommelier ou enólogo acompanha o grupo em roteiro diferenciado, que culmina com a degustação na sala secreta, localizada dentro da cave evolução, um verdadeiro labirinto onde os anjos que guiaram a família por mais de um século seguem seu destino a guiar os passantes. Em uma atmosfera mágica e mística, são degustados os melhores rótulos da vinícola. Uma Experiência inesquecível.

Vale conferir:

- *Évidence, um Brut de Chardonnay e Pinot Noir elaborado com apenas 20% do mosto da prensa. Dois anos com suas leveduras na garrafa.*
- *Virtude, um Chardonnay com passagem parcial por carvalho e Bâttonage durante seis meses, ressaltando baunilha, mel e tangerina. Experimente com risoto de queijo brie e damasco.*
- *Salton Desejo. 100% Merlot. Macio. Cada vez que provo gosto mais.*
- *Nini, um potente assemblage bordalês que "vem com tudo": fruta, especiarias e chocolate. Taninos e acidez equilibrados.*
- *Septimum, um arco-íris de sete uvas fermentadas em madeira (talvez o único do Brasil). Tributo aos sete irmãos que fundaram a empresa. "Muito, muito" complexo. Ao abrir, deixe-o respirar.*

VALE DOS VINHEDOS

Dividido entre os municípios de Garibaldi, Bento Gonçalves e Monte Belo do Sul, o Vale dos Vinhedos e o maior destino enoturístico do país. São 14 vinícolas avaliadas pelo guia. Mas há outras por descobrir neste pequeno e aconchegante pedacinho de terra repleto de restaurantes e boas opções de hospedagem. A influência italiana é total. Para quem comer e beber demais, não faltam igrejas, capelas e capitéis espalhados pelo vale para se confessar. A primeira capela foi construída em 1880 no sítio onde está Capela das Almas atualmente.

Primeira região do Brasil a obter a Indicação Geográfica – Vale dos Vinhedos e, mais tarde, Monte Belo - seus vinhedos de Merlot e Chardonnay são os únicos com Denominação de Origem (DO). Cabernets, Tannat e Riesling Itálico, consideradas variedades auxiliares, podem participar dos cortes em até 40%.

A viticultura sofreu uma revolução a partir dos anos 1990. O primeiro movimento ocorre quando muitos agricultores, fornecedores fieis das grandes cooperativas, decidem elaborar seus próprios vinhos. O segundo e lógico movimento se caracterizou pelo foco na qualidade, implicando na reconversão das variedades americanas (utilizadas para vinho de mesa e suco de uva) em viníferas ou europeias (utilizadas na elaboração dos vinhos finos). Vinhedos plantados em latada foram substituídos pelo espaldeiro, menos

ALMA ÚNICA
BARCAROLA
CALZA JR.
CASA VALDUGA
CAVE DE PEDRA
DOM CÂNDIDO
DON LAURINDO
LARENTIS
LIDIO CARRARO
MARCO LUIGI
MILANTINO
MIOLO
PIZZATO
TERRAGNOLO

produtivo mas de melhor manejo. E, nas cantinas, os enormes tonéis de madeira foram aposentados, entrando em cena tanques de inox e pequenas barricas de carvalho. Bombas, filtros e demais equipamentos, boa parte importada da terra natal, completaram a infraestrutura mínima para produzir vinho de qualidade. Mas a serra é teimosa e exige muito trabalho no vinhedo para amenizar os efeitos das chuvas e as pragas que ela traz. Há também granizo e geadas fora de época.

Grosseiramente falando, "na média", as chances de você tomar um espumante muito bom são maiores do que as chances de você tomar um tinto muito bom. Mas, ano a ano, os obstinados produtores vêm descobrindo as manhas do terroir e as sutilezas da natureza, driblando-os ou usando-os a seu favor para obter vinhos cada vez melhores e únicos, em alguns casos. Infelizmente a maioria dos espécimes de alto nível oriundos destas bandas não são facilmente encontrados fora daqui. Mas todas as vinícolas entregam na sua casa, onde quer que você se esconda neste imenso Brasil.

ONDE COMER E FICAR

COMER

DENTRO DAS VINÍCOLAS

Maria Valduga (cozinha típica italiana). *Via Trento, 2355, Linha Leopoldina, vinícola Casa Valduga. Tel.: (54) 2105-3122 e 2105-3154. Diariamente, das 12 às 15h.*
Boa opção para quem está visitando a vinícola. A variedade deixou a desejar, mas o pecado principal é não servir vinhos e espumantes em taça. Afinal, estamos em uma vinícola.

FORA DAS VINÍCOLAS

Pizza entre vinhos* ♡ *(pizzaria). *Estrada RS 444, km 18,9. Tel.: (54) 3459-1392. Terça a sábado, a partir das 19h.*

Carta de vinhos completíssima. Vários ambientes, divididos pelos vinhos dispostos em móveis que ressaltam os rótulos e as formas das garrafas. Dica: peça uma pizza grande com três sabores, sendo um deles doce. Pizza de cordeiro desfiado com cebola caramelizada você só encontra aqui. Inesquecível.

Ristorante Nonna Metilde* ♥ *(cozinha típica italiana). *Rua Sagrada Família, Monte Belo do Sul. Tel.: (54) 3457-1567. Segunda à sexta, das 11:30 às 14h; sábado e domingo, das 11:30 às 15h.*
Nos fins de semana serve o melhor almoço típico do vale! Atendimento familiar e comida muito saborosa.

Valle Rústico* ♥ *(contemporâneo). *Linha Marcílio Dias, 15 da Graciema. Tel.: (54) 3067- 1163. Quarta a sábado, das 19:30 às 22h. Domingo das 12 às 15h.*
A proposta é unir a agricultura à gastronomia. É sério. Além da horta, o restaurante tem sua própria vaca, a Bela. Como ela estava dedicada a cuidar da recém-parida Belinha, os pratos a base de queijos estavam suspensos. São apenas duas opções de menu degustação - seis e doze etapas - harmonizadas com os melhores vinhos do Vale dos Vinhedos, servidos no tempo exato e na temperatura correta. As etapas do menu têm nome, como Lenha, Mata, Colônia e Roça.
O ambiente é rústico e, como há poucas mesas, o restaurante só atende com reservas (recomendo uma semana de antecedência). Separe de duas a três horas para esta experiência, da qual você sairá com o corpo leve e o espírito cheio de bons fluídos. Antes de ir embora, experimente o Bergamoncello.

Trattoria Mamma Gema* Ⓡ *(cozinha italiana). *Estrada RS 444, km 18,9. Terça a sábado, a partir das 19h. Tel.: (54) 3459-1392 e 3055-0303. Terça a domingo, das 12 às 15:30h.*
Ambiente requintado e serviço a la carte ou sequência de massas. Escolha entre uma das opções de Filet com risoto. Bem servido.

ONDE COMER E FICAR

Giordani Gastronomia Cultural* Ⓡ *(cozinha típica italiana). *Via Trento, 3671. Tel.: (54) 3453-6884. Terça a domingo, das 11 às 15h.*
Clima bem italiano, com aquelas toalhas quadriculadas nas mesas... uma viagem no tempo. A proposta da casa é servir comida simples e tradicional. O pão é excelente (nem precisava da copa e do salame).

Restaurante Zandonai* Ⓡ *(churrascaria). *Linha Leopoldina, s/n. Tel.: (54) 3453-2872. Diariamente, das 11:30 às 14:30h.*
Frequentado pelos locais. "Bom, bonito e barato".

Casa Madeira (cozinha típica italiana). *Linha Leopoldina, s/n. Tel.: (54) 3453-5678. Terça a domingo, das 12 às 15:30h e das 20 às 22:30h, mediante reserva.*
Pertence ao Grupo Valduga. Para quem não vai beber vinho, recomendo o suco de uva branca. O prato mais pedido é o gnnochi de batata doce e codorna. O rondelli de moranga com noz moscada fez a sua parte. Não deixe de visitar a delicatessen no andar inferior e comprar os cremes balsâmicos.

Vallontano (risoteria e cafés). *Estrada RS 444, km 16, em frente à vinícola Vallontano. Tel.: (54) 3459-1006. Terça a domingo, das 11 às 17h.*
Faça uma degustação completa dos espumantes da vinícola acompanhados de seu risoto preferido e descubra que espumante combinou mais. Compre duas garrafas e peça a receita ao chef para repetir em casa. Outro diferencial, além da agradável varandinha, é poder almoçar depois das quatro da tarde, já que todos os outros restaurantes fecham mais cedo.

Il Divino Caffé (cafeteria e lanches). *Rua Antônio Manzoni, 478, em frente à igreja – Monte Belo do Sul. Tel.: (54) 3457-1153. Quarta a domingo, a partir das 15h.*
Para quem está na cidade e perdeu o horário do almoço é a melhor opção.

Leopoldina (internacional). *Estrada RS 444, km 21, dentro do Hotel Spa do Vinho. Tel.: (54) 2102-7200. Todos os dias, café da manhã, almoço e jantar.*
Excelente opção para domingo à noite, quando praticamente tudo no Vale está fechado. Ambiente à luz de velas, refinado. Dê um pulo na adega e escolha seu vinho. Peça carne ou massa.

ONDE COMER E FICAR

FICAR

DENTRO DAS VINÍCOLAS

Casa Valduga. *Via Trento, 2355. Tel.: (54) 2105-3154.*
Nada como hospedar-se em uma vinícola...o café da manhã já começa com espumante. São 24 acomodações, divididas em cinco pousadas. Já que está hospedado, aproveite para fazer um dos cursos de degustação ou harmonização oferecidos.

Pousada Terragnolo. *Via Trento, 1458. Tel.: (54) 3453-1103.*
Apenas seis disputadas suítes. A localização, o atendimento e a vista são os pontos fortes.

FORA DAS VINÍCOLAS

Pousada Borghetto Sant'Anna ♥. *Via Trento, 868. Tel.: (54) 3453-2355.*
A pousada, um encanto; a vista, um espetáculo. Antigo reduto da família Sant'Anna que acabou virando negócio depois da insistência dos amigos. Os hóspedes são tratados como se amigos fossem. Já recebem a chave do portão para sentir que estão em casa. São três casas de pedra, enormes, com vários ambientes inclusive cozinha. As suítes são cômodas e espaçosas. Todos os ambientes oferecem muita privacidade e um encontro ímpar com a natureza.

Hotel & Spa do Vinho Autograph Collection ♥. *Rodovia RS-444, km 21. Tel.: (54) 2102-7200.*
Se você deseja as comodidades de um grande hotel e relaxar, o Spa do Vinho é seu destino. A adega oferece 700 rótulos e o restaurante é ótima opção para almoço ou jantar. Tomar café da manhã no solarium com vista para os vinhedos é um luxo. Além do famoso spa e seus tratamentos, há quadras de tênis, pista de corrida e academia.

***Hotel Villa Michelon* ♡.** *Rodovia RS-444, km 18,9. Tel.: (54) 3459-1800.*
É um hotel temático, promovendo o resgate da colonização italiana na serra e dos vinhos lá produzidos. São mais de 200 mil m² divididos em parreiral, lago, memorial do vinho, caso do filó, piazza dei bambini, fazendinha, entre outros. É a melhor opção para quem viaja com as crianças.

Pousada Ca'di Valle. *Rodovia RS-444, km 16,5. Tel.: (54) 3459-1278.*
Atendimento familiar, caloroso. Muita tranquilidade e aconchego.

ALMA ÚNICA

www.almaunica.com.br

FUNDAÇÃO *2008* **ÁREA PLANTADA** *12 ha* **PRODUÇÃO ANUAL** *80 mil garrafas*

END. *Rodovia RS 444, km 17,3, Vale dos Vinhedos – Bento Gonçalves*
GPS *29°11'44.5"S 51°32'36.7"W*
GOOGLE *-29.195686, -51.543528*
DISTÂNCIA DO CENTRO DE BENTO GONÇALVES *6,1 km*
VISITAS *almaunica@almaunica.com.br (não é necessário agendar)*
TEL. *(54) 3459-1384*
FUNCIONAMENTO *segunda à sexta, das 8 às 12h e das 13:30 às 17:30; sábado e feriado, das 10 às 12h e das 13:30 às 17:30h; domingo, das 10 às 13h*

"O Rei do Carvalho"

Márcio e Magda Brandelli, irmãos gêmeos e filhos de Don Laurindo, decidem mudar seu destino e sair das amarras da tradicional família de viticultores. Buscaram inspiração no velho e no novo mundo. A "Alma" vem da vinícola Almaviva, do Chile; "Única", vem de Ribera del Duero, Espanha, onde a vinícola Vega Sicilia elabora o Único, um mito mundial que passa seis anos em madeira e quatro em garrafa.

Assim nasceu a Alma Única, que elabora vinho com alma e cada garrafa é única. Situada bem à entrada do Vale dos Vinhedos, foi a vinícola que me abriu os olhos para o vinho brasileiro novamente há alguns anos, depois de quase uma década de abstenção. São apenas dois horários para fazer a visita guiada, às 10:30 e às 15:30h.

O melhor mesmo é provar os vinhos e, se possível, durante a semana, quando o fluxo é menor e você poderá receber mais atenção. Sugiro a degustação Top, onde nada menos que doze vinhos e espumantes são comentados. Todos os vinhos passam por carvalho, exceto o Sauvignon Blanc. São todos elegantes e de fineza superior, volumosos e de coloração intensa, que se mantém por muitos anos. Para Márcio, a maturação do vinho nas barricas é tão importante quanto a qualidade da uva.

Vale conferir:

- *Espumante Nature, dois anos em autólise. 20% do vinho passaram por barrica. 50% Pinot Noir, 50% Chardonnay.*
- *Sauvignon Blanc. Estilo francês, complexo, mais para goiaba do que para as cítricas. Pouco vegetal. Rivaliza com qualquer Chardonnay.*
- *Syrah. O melhor do guia. Estruturado. 20 meses de barrica americana e francesa. Tem que estar na sua adega.*
- *Alma Única Parte 2. Assemblage de Merlot e Cabernet Sauvignon. São 30 meses de carvalho francês novo. Melhor a cada taça.*

BARCAROLA

www.vinicolabarcarola.com.br

FUNDAÇÃO *2004* **ÁREA PLANTADA** *8 ha* **PRODUÇÃO ANUAL** *20 mil garrafas*

END. *Via Trento, s/n, Vale dos Vinhedos – Bento Gonçalves*
GPS *29°10'34.4"S 51°34'08.7"W*
GOOGLE *-29.176227, -51.569077*
DISTÂNCIA DO CENTRO DE BENTO GONÇALVES *8,5 Km*
VISITAS *c.petroli@hotmail.com ou contato@barcarola.com.br*
TEL. *(54) 3451 2478*
FUNCIONAMENTO *todos os dias, das 10 às 18:30h*

Specialità Trentina

A vinícola foi batizada com o nome da festa da La Barcarola, um desfile que acontece todos os anos em Timone, Trento, em homenagem aos que emigraram para a América. O receptivo fica em um casarão com mais de 130 anos, moradia dos avós maternos. A vinícola está localizada na casa dos avós paternos, no Vale Aurora, a cinco quilômetros.

A empresa é familiar mesmo: não há funcionários. A produção é pequena e voltada para a qualidade. Os vinhos não passam por madeira, o que exige a melhor uva e o melhor enólogo. "Não há como esconder nada, é transparência total", comenta César Petroli. "O segredo é uva boa", resume.

Discordo um pouco. Há sim um tesouro "escondido" por César: a linha Luiz Petroli. São dois rótulos artesanais com produção limitada a 400 garrafas por ano. O primeiro deles é um Amarone (César é enólogo formado em Trento e produziu este estilo de vinho por lá). A colheita é cacho a cacho. As uvas são secadas no andar superior do casarão por 20 dias. Fermentação lenta, elaborada com levedura especial que suporta os altos teores de açúcar do começo e de álcool no final. Um encontro mágico da uva com nozes e amêndoas.

Luiz Petroli licoroso. As uvas secam por 40 dias, restando ao final apenas 150 ml de cada quilo – cinco vezes menos do que nos vinhos normais. Um verdadeiro elixir.

Vale conferir:

- *O Merlot é delicioso, Bem equilibrado: taninos, acidez, frutas e especiarias. Superior a vários provados no guia.*
- *Lagrein. Mais parece um nome alemão – a região de Trento era parte da Áustria antes da 1ª Guerra Mundial. Vinho exótico e leve, com muita acidez e pouco tanino. Muita framboesa e seguramente vai agradar ao público feminino.*
- *Rebo. Cruzamento da Teroldego com a Merlot. Corpo leve a médio. Tanino e fruta bem integrados.*
- *Teroldego. Trazida da Itália pela vinícola. Vermelho rubi intenso. Aromas a frutas do bosque. Perfeita companhia para queijos e embutidos.*

CALZA JR.

www.vinicolacalza.com.br

FUNDAÇÃO *1995* **ÁREA PLANTADA** *8 ha* **PRODUÇÃO ANUAL** *5 mil garrafas*

END. *Linha 80 da Leopoldina s/n, Santa Tereza – Monte Belo do Sul*
GPS *29°10'40.1"S 51°36'47.1"W*
GOOGLE *-29.17781, -51.61308*
DISTÂNCIA DO CENTRO DE BENTO GONÇALVES *14,1 km*
VISITAS *contato@vinicolacalza.com.br*
TEL. *(54) 3457-1173*
FUNCIONAMENTO *diariamente, das 9 às 16h*

Espumantes e Acolhimento

Siga a Estrada do Vinho em direção a Monte Belo do Sul, grande produtor de uvas brancas de qualidade. Não precisa reservar...é só aparecer. Ao chegar, você se sentirá em casa, encontrando sorrisos e um atendimento caloroso fora do comum. Antoninho vai logo servindo um espumante e Jussara puxa a conversa (como resistir?). Depois de meia hora você vai perceber porque praticamente toda a produção é vendida aos visitantes.

A família faz tudo sozinha, desde a produção ao engarrafamento. Todos os espumantes são elaborados pelo método tradicional e com leveduras nativas. O perlage é fino e persistente. Continue provando e você nem vai se lembrar de visitar as modestas instalações, mas que escondem um atraente segredo: é possível encomendar uma barrica de vinho (300 garrafas). São cinco uvas a escolher. Acompanhe o envelhecimento ao longo do ano. Quando decidir, volte com a turma para rotular e engarrafar. O almoço é por conta da vinícola.

Vale conferir:

- *Espumante Método Ancestral. Feito meio por acaso...e deu certo! Ainda mantém as leveduras que passaram 28 meses em contato com o líquido. Como não sofreu dégorgement, é um autêntico Nature, ou seja, sem adição de açúcar.*
- *O Sangiovese é delicadíssimo... para mim é o melhor do Brasil.*
- *O Tannat, que vem de vinhedos de 26 anos, é bem equilibrado e macio.*

CASA VALDUGA

www.casavalduga.com.br

FUNDAÇÃO *1875* **ÁREA PLANTADA** *200 ha* **PRODUÇÃO ANUAL** *2,4 milhões de garrafas*

END. *Via Trento 2355, Linha Leopoldina, Vale dos Vinhedos – Bento Gonçalves.*
GPS *29°10'36.8"S 51°33'22.8"W*
GOOGLE *-29.176880, -51.556321*
DISTÂNCIA DO CENTRO DE BENTO GONÇALVES *6,5 km*
VISITAS *cursos@casavalduga.com.br*
TEL. *(54) 2105-3154*
FUNCIONAMENTO *segunda a sábado, das 9:30 às 18h; domingo e feriado, das 9:30 às 17h*

Classe e Tradição

Valduga é o sobrenome "emblema" do vinho gaúcho, presente também nas vinícolas Marco Luigi, Don Cândido, Cave de Pedra e Terragnolo. Restaurante, pousada e vinícola fazem deste o maior complexo do Vale dos Vinhedos, que ainda conta com a Casa Madeira (restaurante e delicatessen – os balsâmicos são maravilhosos) e com a Cervejaria Leopoldina.

A visita é completa e vai ficando cada vez mais divertida, pois a degustação é feita pelo caminho. Aqui está a maior cave de espumantes da América Latina, com capacidade para oito milhões de garrafas. Para quem deseja algo diferenciado, há diversos cursos e experiências que podem durar todo o fim de semana. Aproveite para se hospedar na vinícola e aproveitar ainda mais.

Os vinhedos estão localizados em três regiões do estado, cada uma batizando uma linha de vinhos: Leopoldina (Vale dos Vinhedos), Raízes (Campanha) e Identidade (Encruzilhada do Sul). Apesar da degustação variada durante o passeio, não deixe de visitar a loja e provar mais rótulos. Os atendentes são simpáticos e preparados. Você fará boas compras!

Vale conferir:

- *Gran Leopoldina Chardonnay D.O.. 10 meses em carvalho francês e romeno. Abacaxi e outras frutas tropicais. Esse eu comprei!*
- *130 Brut. Criado para comemorar os 130 anos da imigração italiana. Os três anos de maturação o deixaram cremoso, sutil no nariz e elegante no paladar, sem amargar no final.*
- *Gran Raízes. Cabernet Sauvignon, Cabernet Franc e Tannat. Bem equilibradas com a madeira. Gastronômico. Compre e guarde.*
- *Gran Villa-Lobos. Um "Cabernezão". Quanto mais guardado, mais aveludado.*

CAVE DE PEDRA

www.cavedepedra.com.br

FUNDAÇÃO *1997* **ÁREA PLANTADA** *6 ha* **PRODUÇÃO ANUAL** *45 mil garrafas*

END. *Linha Leopoldina, 315, Vale dos Vinhedos – Bento Gonçalves. Ao lado do hotel Spa do Vinho*
GPS *29°11'03.1"S 51°35'13.3"W* **GOOGLE** *-29.184201, -51.587021*
DISTÂNCIA DO CENTRO DE BENTO GONÇALVES *10,8 km*
VISITAS *não é preciso agendar. Para grupos acima de dez pessoas, preencher o formulário no site* **TEL.** *(54) 3459-1267*
FUNCIONAMENTO *segunda a sábado e feriados, das 9:30 às 18h; domingo, das 9:30 às 17h*

Um castelo nos vinhedos

Um verdadeiro cartão postal! Uma vinícola boutique em forma de castelo, construída durante cinco anos com mais de 170 mil pedras basálticas, lapidadas manualmente na pedreira.

Comece pelo mirante, com vista de 360 graus. Depois a visita segue pelo túnel que liga os dois castelos até chegar às caves, protegidas por guardas medievais. Além da produção e envelhecimento dos vinhos tranquilos, o método tradicional de fabricação de espumantes é explicado.

Converse com o guia logo ao chegar sobre o que deseja provar, pois a degustação se dá ao longo do percurso. A loja é bem completa, dispondo de queijos, chocolates e cosméticos. Como a produção é pequena, os vinhos só podem ser comprados aqui.

Na linha Adaga, não deixe de provar o Egiodola, que em basco significa sangue puro. É um cruzamento realizado em 1954 entre a Tinta Negra Mole e a Abouriou. Atualmente só é cultivada na França e no Brasil. Bastante cor e toques florais. Ideal para acompanhar pratos de carnes e massas.

Vale conferir:

- *As pessoas já pedem o Moscatel antes de começar a visita. Único com Malvasia de Candia, além das Moscato Bianco e Gialo.*
- *Espumante Brut D.O. 100% Chardonnay. Três anos de autólise. Amanteigado, leve... gostei! Prove também o Extra Brut 100% Pinot Noir vinificado em branco. Ambos pelo método tradicional.*
- *Special Blend, o ícone do castelo: Marselan, Ancellotta e Merlot. 18 meses de carvalho e mais 18 em vidro. Produção de 1.018 garrafas.*
- *Licoroso tipo Porto, passou dez anos em carvalho.*

DOM CÂNDIDO

www.domcandido.com.br

FUNDAÇÃO *1986* **ÁREA PLANTADA** *42 ha* **PRODUÇÃO ANUAL** *400 mil garrafas*

END. *Via Trento, 2169, Vale dos Vinhedos – Bento Gonçalves*
GPS *29°10'36.8"S 51°33'19.5"W*
GOOGLE *-29.176882, -51.555421*
DISTÂNCIA DO CENTRO DE BENTO GONÇALVES *11,1 km*
VISITAS *atendimento@domcandido.com.br*
TEL. *(54) 2521-3500*
FUNCIONAMENTO *segunda à sexta, das 9 às 17:30h; sábado e domingo, das 9:30 às 18h*

Vinhedos próprios e tanques pequenos

A vinícola é a pioneira no manejo da Marselan, criada a partir do cruzamento entre Cabernet Sauvignon e Grenache realizado no laboratório do Instituto Francês de Pesquisa Agrícola, em Marseillan, no sul da França, em 1961. O vinho 4ª Geração é o melhor exemplar (sem madeira) desta variedade vendido no Brasil. Sua estrutura é fruto de maceração cuidadosa, e seu equilíbrio obtido por micro-oxigenação no inox. Esse é o diferencial deste guia...descobrir e divulgar boas surpresas. Agora ao seu alcance.

A visita começa nos parreirais plantados sobre um platô localizado atrás da vinícola, que só vinifica uvas próprias. São várias linhas e rótulos. Prepare-se para degustar bastante, em um clima "bem família" com simplicidade e aconchego. Os vinhos são gastronômicos. Portanto, é preciso imaginá-los com a comida. No site da vinícola há várias receitas harmonizadas.

A ideia da família é crescer, mas bem devagar, plantando os parreirais para garantir a qualidade e perpetuar os ensinamentos de Dom Cândido. Vinhedos próprios e tanques pequenos. Esse é o segredo.

Vale conferir:

- *O Chardonnay é fresco e frutado. Notas de maçã, alguma baunilha e chocolate branco adquiridos na rápida passagem em carvalho americano. Leve e fácil de tomar várias garrafas com os amigos.*
- *Documento Merlot D.O. – um ano de carvalho francês novo e sem aqueles traços terrosos comuns ao Vale dos Vinhedos. Bastante estruturado e apenas 12 graus alcóolicos. Como pode?!*
- *Dom Cândido Valduga Cabernet Sauvignon. Talvez o primeiro Gran Reserva do vale. A primeira safra foi em 1999. 14 meses em carvalho. Decantar por meia hora antes de servir.*

DON LAURINDO

www.donlaurindo.com.br

FUNDAÇÃO *1991* **ÁREA PLANTADA** *15 ha* **PRODUÇÃO ANUAL** *120 mil garrafas*

END. *Estrada do vinho, 8 da Graciema, Vale dos Vinhedos - Garibaldi*
GPS *29°12'03.5"S 51°33'11.5"W*
GOOGLE *-29.200977, -51.553201*
DISTÂNCIA DO CENTRO DE GARIBALDI *12 km*
VISITAS *donlaurindo@donlaurindo.com.br*
TEL. *(54) 3459-1600*
FUNCIONAMENTO *segunda à sexta, das 8 às 11:45h e das 13:30 às 17:30; sábados e feriados, das 10 às 16h; domingo, das 10 às 15h.*

Amor pelo vinho

Vinícola comandada por Ademir Brandelli, filho de Don Laurindo. O foco sempre foi o consumo familiar, sendo o excedente das uvas comercializado. Em 1946 a produção de vinhos aumenta. Amigos e vizinhos se tornam clientes.

Todas as uvas vêm dos parreirais ao redor da vinícola. As variedades são Merlot, Malbec, Cabernet Sauvignon, Ancellotta, Tannat, Chardonnay e Malvasia de Candia. A prioridade continua sendo a matéria-prima, ou seja, cuidar dos vinhedos para que boas uvas gerem bons vinhos.

Os vinhos continuam sendo feitos ao gosto da família, e não para agradar ao grande público. "São enogastronômicos", comenta Ademir, que continua: "toda a safra é vendida aqui e pela internet". Todos os tintos passam em carvalho e repousam outros dois anos em garrafa antes de serem liberados para venda. Degustei todos os vinhos e confirmo que preferiria degustá-los com pratos de carne e queijos fortes.

Vale conferir:

- *Tannat, referência da vinícola. Gostei.*
- *Estilo. Malbec, Tannat e Ancellotta, nove meses de carvalho.*
- *Gran Reserva 2005, 80% Tannat e 20% Ancellotta. Grande potencial de guarda. Ainda vivo apesar dos 11 anos. Aromas a especiarias e frutas vermelhas maduras. Decantar por uma hora fará toda a diferença. Não esqueça.*
- *Licoroso, corte de Cabernet Sauvignon e Merlot. Boa pedida.*

LARENTIS

www.larentis.com.br

FUNDAÇÃO *2001* **ÁREA PLANTADA** *12 ha* **PRODUÇÃO ANUAL** *110 mil garrafas*

END. *Linha Leopoldina, s/n, Vale dos Vinhedos - Bento Gonçalves*
GPS *29°10'32.6"S 51°33'34.9"W*
GOOGLE *-29.175737, -51.559685*
DISTÂNCIA DO CENTRO DE BENTO GONÇALVES *6,9 km*
VISITAS *larentis@larentis.com.br*
TEL. *(54) 3453-6469*
FUNCIONAMENTO *segunda à sexta, das 9 às 11:30 e das 13 às 17h; sábado, domingo e feriados, das 10 às 17h*

Assemblage de Gerações

Como em todo assemblage, o que se pretende é que o resultado final seja maior do que a soma das partes. Na Larentis, avô, pai e neto convivem – falando português e o dialeto trentino – em busca da qualidade com recursos limitados. Avô e pai "fazem" vinho; André, o neto, é enólogo e, portanto, "estudou" vinho. A experiência aliada à criatividade com toques de ousadia e tecnologia, que André buscou no Napa Valley, vem dando bons frutos.

A colheita é manual e só utilizam uvas próprias, todas do Vale dos Vinhedos. A linha Cepas Selecionadas é bem diferenciada, composta por varietais pouco comuns, como Teroldego, Marselan e Ancellotta. Algum deles vai te encantar. O Teroldego me encantou!

Para quem deseja uma experiência completa, melhor fazê-la de segunda à sexta, pois a vinícola recebe muitas turistas no fim de semana. A visita, gratuita, começa pelos vinhedos e percorre o restante do processo de elaboração.

Vale conferir:

- *O Cabernet Sauvignon surpreendeu. Diferente dos demais do vale, com menos herbáceos, mais especiarias e aromas raros como cassis. Maceração prolongada e carvalho americano por oito meses o domesticaram deixando-no pronto.*
- *Reserva Especial Merlot. Muito equilibrado, "tudo no lugar", elaborado com uvas de vinhedos de 30 anos. Taninos finos, com bom potencial de guarda. Barato pela qualidade que entrega, ponto comum entre todos os rótulos da vinícola.*

LIDIO CARRARO

www.lidiocarraro.com

FUNDAÇÃO *2001* **ÁREA PLANTADA** *50 ha* **PRODUÇÃO ANUAL** *350 mil garrafas*

END. *Rodovia RS 444, km 21, Linha 40 da Leopoldina, Vale dos Vinhedos - Bento Gonçalves*
GPS *29°10'55.0"S 51°35'03.9"W*
GOOGLE *-29.181942, -51.584416*
DISTÂNCIA DO CENTRO DE BENTO GONÇALVES *10,8 km*
VISITAS *atendimento@lidiocarraro.com*
TEL. *(54) 2105-2555*
FUNCIONAMENTO *diariamente, das 9 às 18h*

Vinho e Marketing

Os Carraro, em sua quinta geração, sempre foram tradicionais produtores de uvas de qualidade para grandes vinícolas. Mas, como muitos outros, decidiram produzir seu próprio vinho. Porém, a condição do pai Lidio para os filhos foi fazer algo diferente, e não ser "mais uma vinícola no Vale". Começaram por arrancar todos os vinhedos em latada e plantar em espaldeiro. Também foram pioneiros em Encruzilhada do Sul, na Serra do Sudeste, a 250 km de Bento Gonçalves.

Distanciando-se ainda mais do mercado, o conceito enológico é o "Purismo", isto é, obter vinhos apenas da uva, garantindo a máxima expressão da essência do terroir. Assim, os vinhos não passam por madeira e não são clarificados. Menos adega e mais vinhedo!

Finalizando, é a vinícola mais "marqueteira" do Brasil. Patrocinou os jogos Pan Americanos de 2007 e não parou mais: Stock Car, Copa do Mundo, Olimpíadas. Não há visita às instalações ou ao vinhedo, apenas a projeção de fotos e a degustação os vinhos na sala de estar da família, onde também funciona a loja. São provados de seis a oito vinhos.

Vale conferir:

- *Faces Chardonnay. O vinho das Olimpíadas. Leve, aromático e refrescante. Só ou bem acompanhado.*
- *Dádivas Chardonnay. Mais encorpado e gastronômico.*
- *Grande Vindima Merlot. Especial. Vivo nos aromas de frutas em calda e ameixa preta. Intenso e persistente em boca.*
- *Singular Teroldego. Encorpado, coloração expressiva e marcante. Mas é fácil de tomar. Aromas para os defumados e tabaco.*

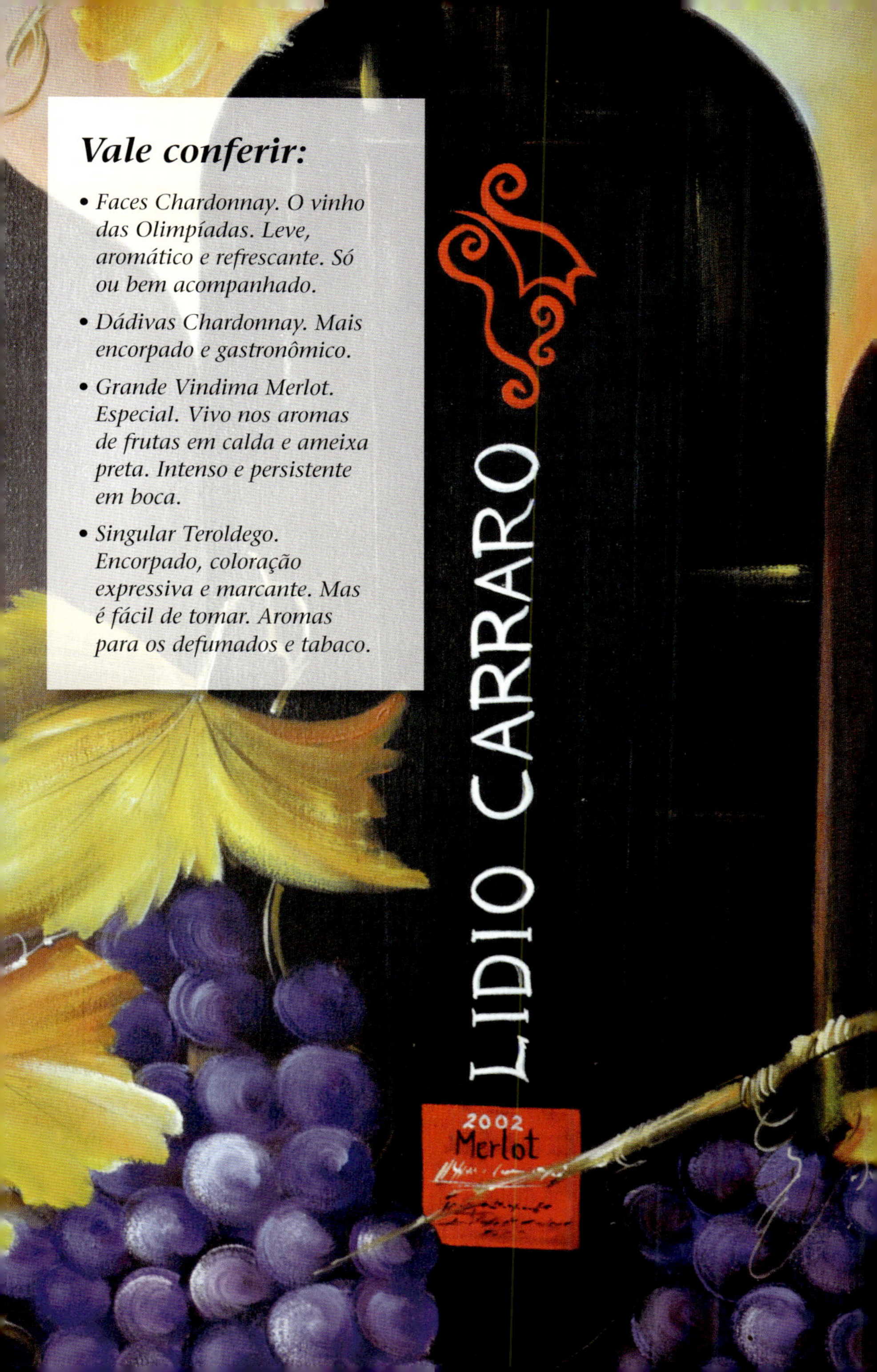

MARCO LUIGI

www.marcoluigi.com.br

FUNDAÇÃO *1946* **ÁREA PLANTADA** *32 ha* **PRODUÇÃO ANUAL** *80 mil garrafas*

END. *Via Trento, 868, Vale dos Vinhedos – Bento Gonçalves*
GPS *29°10'37.2"S 51°32'57.6"W*
GOOGLE *-29.176994, -51.549336*
DISTÂNCIA DO CENTRO DE BENTO GONÇALVES *5,7 km*
VISITAS *varejo@marcoluigi.com.br*
TEL. *(54) 2621-1111*
FUNCIONAMENTO *segunda a sábado, das 9:30 às 18h; domingo, das 11 às 17h*

Vinhos feitos com capricho

A visita começa com a história da família, que veio de Trento em busca de oportunidades. Como todos os outros imigrantes, faziam vinho apenas para consumo próprio até que Marco, o filho mais novo, decide fundar uma vinícola realizando o sonho do pai e do avô. Seu Victor, filho de Marco, segue à frente da vinícola. Seu filho Marco é o enólogo. A tradição está garantida.

A propriedade é muito bem cuidada e tem vários espaços para relaxar e desfrutar de uma tábua de frios ou de uma cesta de piquenique no verão. A cave é encrustada no basalto e guarda safras antigas que podem ser adquiridas pelos visitantes. Vinhos aveludados, macios e pouco alcoólicos. Durante a degustação, encontramos Seu Victor, que posou para fotos e nos brindou com muitas histórias e conhecimentos sobre o vinho. Inesquecível.

Vale conferir:

- *Grande Reserva, 20 meses em carvalho. Apenas 3.500 produzidas por safra. Frutas vermelhas e ameixa. Amplo e profundo.*
- *Espumante 10 anos de autólise, único na América do Sul. Versões Brut e Nature. Chardonnay e Pinot Noir, pelo método champenoise. Mil garrafas produzidas por safra.*
- *Rosé. Combinação rara de Pinot Noir e Chardonnay.*
- *Reserva da Família Merlot. Bastante frutado.*

MILANTINO

www.vinicolamilantino.com.br

FUNDAÇÃO *1989* **ÁREA PLANTADA** *9,5 ha* **PRODUÇÃO ANUAL** *60 mil garrafas*

END. *Estrada do vinho, 8 da Graciema, Vale dos Vinhedos - Garibaldi*
GPS *29°12'04.2"S 51°33'07.3"W*
GOOGLE *-29.201178, -51.552016*
DISTÂNCIA DO CENTRO DE GARIBALDI *12 km*
VISITAS *preencher o formulário no site ou milantino@milantino.com.br*
TEL. *(54) 3459-1331*
FUNCIONAMENTO *todos os dias, das 9 às 18h*

A Boutique do Vale

Empreendimento da família Milani, que chegou ao país como muitas outras em busca de dias melhores. Mas a semelhança termina por aí. O espaço rústico-moderno, mesclando a Grapia - madeira antes utilizada nas pipas - ferro, cimento e muito bom gosto, dão as boas vindas ao visitante. São diversos ambientes, para o frio ou para o calor, para degustar ou organizar um almoço harmonizado. A estrutura ampla e a preocupação no atender bem, são apenas consortes para os vinhos.

Há 19 rótulos a degustar e que só podem ser comprados na vinícola ou pela internet. A Milantino é a única vinícola que conheço que só produz quando a natureza permite. Isso mesmo, quando a safra não atende às exigências, nenhuma garrafa é produzida.

Alguns rótulos foram desenhados pelo artista plástico Menelaw Sete, que provou os vinhos e decidiu trabalhar de graça (desde que beba de graça). Sobre os líquidos, reproduzo o comentário de Sadi Andrighetto, um dos proprietários: "Cada garrafa de vinho é como um filho fosse".

Vale conferir:

- *Gran Reserva 2005. Eleito o melhor tinto do guia. Após um dia de provas no Vale dos Vinhedos, este vinho me surpreendeu. Ao primeiro aroma percebi que se tratava de um espécime muito raro. Pensei que estava em outro país. Continuei a prova e reservei tempo para este belo assemblage de Tannat, Merlot e Ancellotta com 24 meses de carvalho. Equilibrado e complexo, ganhou espaço na mala, apesar do preço. Foi o único brasileiro agraciado recentemente no Brazil Wine Challenge 2006 com a medalha Grande Ouro.*
- *Gran Vino. "Primo" mais novo do Gran Reserva. Outro puro sangue. Menta, especiarias e compotas. Muito por revelar.*
- *O Cabernet Sauvignon também surpreendeu por fugir dos demais do Vale. Muita fruta e chocolate.*

MIOLO

www.miolo.com.br

FUNDAÇÃO *1989* **ÁREA PLANTADA** *1.200 ha* **PRODUÇÃO ANUAL** *12 milhões de garrafas*

END. *RS 444, km 21, Vale dos Vinhedos – Bento Gonçalves*
GPS *29°11'00.0"S 51°34'59.4"W*
GOOGLE *-29.183339, -51.583153*
DISTÂNCIA DO CENTRO DE BENTO GONÇALVES *11,7 km*
VISITAS *visita@miolo.com.br*
TEL. *(54) 2102-1540 ou 2102-1537*
FUNCIONAMENTO *segunda a sábado, das 8:15 às 17:45h; domingo, das 10 às 16:45h*

Cada vez melhor

Impossível falar de vinho fino brasileiro e não pensar na Miolo. Apesar de sua história começar com Giuseppe Miolo em 1897, somente 92 anos depois seus netos resolveram parar de vender uvas e produzir vinho de qualidade. Da mesma forma, é impossível visitar o Vale dos Vinhedos e não conhecer a vinícola. Os projetos Almadén, em Santana do Livramento, e Ouro Verde, no Vale do São Francisco, também recebem visitantes.

Fuja da multidão que vem de ônibus e escolha o minicurso de degustação, duas horas entre visita e degustação de oito rótulos premium, ambas conduzidas por enólogo. Para uma experiência ainda mais inesquecível, há o curso de degustação que dura um dia, incluindo almoço harmonizado. E, para os verdadeiros amantes do vinho, a recomendação é o Programa Winemaker – único na América do Sul - que inclui vários dias de visita ao longo do ano e culmina com 60 garrafas produzidas por cada participante.

Um segredo dos grandes produtores, como é o caso da Miolo, é que podem produzir algumas preciosidades quando desejarem, e limitar a produção utilizando só as melhores uvas. Nesse escalão, não foram degustados o ícone Sesmarias, composto por seis uvas, o Tannat Vinhas Velhas, da região da Campanha, e o Testardi, um Syrah arretado vindo do nordeste. Fica a dica caso você tenha oportunidade.

Vale conferir:

- *Quinta do Seival Alvarinho. Manga, pimenta rosa, amêndoa, camomila e por aí vai. Um dos melhores brancos do guia.*
- *Cuvée Giuseppe. Tudo o que se espera de um Chardonnay: cremosidade, volume de boca e os aromas típicos da casta, como abacaxi. Excelente compra.*
- *Merlot Terroir, 100% Vale dos Vinhedos. Notas trufadas e terrosas. Decantar ao servir.*
- *Lote 43, um dos emblemas da casa. Maceração "exagerada" de 30 dias. Robusto, mentol e especiarias. Decantar ao servir.*

PIZZATO

www.pizzato.net

FUNDAÇÃO *1998* **ÁREA PLANTADA** *45 ha* **PRODUÇÃO ANUAL** *260 mil garrafas*

END. *Via dos Parreirais, s/n, Santa Lúcia, Vale dos Vinhedos – Bento Gonçalves*
GPS *29°10'32.0"S 51°36'08.4"W*
GOOGLE *-29.175549, -51.602341*
DISTÂNCIA DO CENTRO DE BENTO GONÇALVES *13,3 km*
VISITAS *varejo@pizzato.net*
TEL. *(54) 3055-0440, 3459-1155, 98165-0422*
FUNCIONAMENTO *diariamente, das 10 às 17h*

Vinho provado, vinho comprado

Uma grande sala de degustação, os vinhedos à vista e mais nada! Você está prestes a provar o que a serra gaúcha tem de melhor em vinhos. Como disse Plínio Pizzato, com que tivemos o prazer de prosear durante a degustação, "não entendo de vinho, entendo de uvas". Obviamente, a vinícola só elabora com uvas próprias dos vinhedos ao redor e do município de Dois Lajeados, que fornece uvas para a linha Fausto, a mais "moderna" da vinícola.

A recomendação é reservar duas horas para provar com calma. Encomende uma tábua de queijos e frios para incrementar a experiência. Comece pelo refrescante Chardonnay e depois prove o Legno. Quando chegar aos tintos, prove o raro varietal de Alicante Bouschet, bem macio e aromático - matura quatro anos em garrafa. O Egiodola Reserva é o melhor varietal desta cepa do guia: especiarias e baixa acidez. O Merlot Reserva é a pura fruta em evidência, sem os traços terrosos do Vale dos Vinhedos que não me agradam. E o Tannat foi o melhor provado no Brasil.

Vale conferir:

- *Legno, um Chardonnay fantástico! Fermentado 100% em madeira, complexo e persistente. O melhor branco do Brasil!*
- *DNA 99. Um símbolo da viticultura brasileira. A partir de seu lançamento em 2000, o mundo começou a enxergar o Merlot brasileiro de outra forma.*
- *Verve Gran Reserva, o Top da linha Fausto. Esse é um "falso leve", pois tem tudo que um vinho precisa, mas sem pesar na boca e no bolso. Muita fruta, coloração intensa, chocolate, ameixa.*
- *Concentus. Harmonia, em latim. Em boca, um equilibradíssimo assemblage de Merlot, Tannat e Cabernet Sauvignon.*

TERRAGNOLO

www.terragnolo.com.br

FUNDAÇÃO *2005* **ÁREA PLANTADA** *11 ha* **PRODUÇÃO ANUAL** *15 mil garrafas*

END. *Via Trento, 1458, Vale dos Vinhedos – Bento Gonçalves*
GPS *29°10'35.6"S 51°32'59.1"W*
GOOGLE *-29.17656, -51.54974*
DISTÂNCIA DO CENTRO DE BENTO GONÇALVES *5,9 km*
VISITAS *terragnolo@terragnolo.com.br*
TEL. *(54) 3453-1103*
FUNCIONAMENTO *diariamente, horário a combinar*

A Boutique Valduga

Sandro Valduga tem a uva nas veias e resolveu homenagear seus antepassados batizando a vinícola com o nome da cidade do norte da Itália de onde vieram.

"O sonho de todo produtor de uva é elaborar seu próprio vinho", conta Sandro. "Começamos como a maioria, plantando as uvas e vendendo para as vinícolas maiores...mas em 2005 finalmente conseguimos produzir nosso próprio vinho.

Os vinhos são bem acima da média dos vizinhos. O segredo é saber manejar o vinhedo desde a plantação, que deve ser no sentido norte-sul para obter a melhor maturação possível. Depois é manter uma produção de no máximo cinco toneladas por hectare, vinificar cada talhão em separado e produzir conforme a safra, isto é, como só são usadas uvas da propriedade, a produção varia de acordo com a natureza. Parece bem simples, não?

Os rótulos fazem referência aos tipos de solo presentes na vinícola como Boulder, Greda e Loess. Além dos vinhos, são produzidos suco de uva (normal e orgânico) e geleias. Para os que desejam aproveitar mais, a propriedade dispõe de uma pousada com seis suítes.

Vale conferir:

- *Chardonnay Greda. Segundo Sandro, "a uva era tão boa que seria um crime não usá-la em todo o processo". Assim, ela foi macerada e fermentada como nos tintos, e estagiou um ano em barrica borgonhesa com fundo de acácia. O resultado é um corpo levemente amanteigado e aromatizado com rosas brancas. Espetacular!*
- *Merlot "temperado" com Cabernet Franc. Embalsamado durante 18 meses em carvalho francês e americano. Um vinho que chama carne e amigos.*
- *Marselan Reserva. Chocolate amargo e frutas como ameixa e amoras. Por seus taninos modestos, atrai a maioria das mulheres.*
- *Merlot provado direto da barrica. Será engarrafado em maio de 2017, quando completará 36 meses de carvalho. Equilibradíssimo, com taninos macios e a madeira ao fundo escoltando um bouquet de frutas vermelhas... perfumado e vivaz. Reserve o seu.*

GARIBALDI

A pequena Garibaldi, com cerca de 30 mil moradores, é a capital brasileira do espumante, bebida que cresceu 120% na última década segundo dados do IBRAVIN. Na contramão, o vinho fino caiu 10% no mesmo período. Aqui, em 1913, foi elaborado o primeiro espumante do Brasil. E ainda hoje é a vocação da cidade. Suas vinícolas recebem cada vez mais turistas em busca das borbulhas que se divertem na língua e dançam no palato. Portanto, quem deseja, de fato, aprender sobre o espumante e seus diferentes métodos de fabricação, e sobre como degustar e apreciar esta bebida mágica, reserve tempo para passar ao menos um dia aqui, incluindo hospedar-se no charmoso Hotel Casacurta. Claro que várias outras vinícolas de Bento Gonçalves também produzem a bebida, mas a experiência não é igual. A Peterlongo dispõe de uma exposição de maquinários antigos utilizados na fabricação

CASA PEDRUCCI
CHANDON
COOP. VINÍCOLA GARIBALDI
PETERLONGO

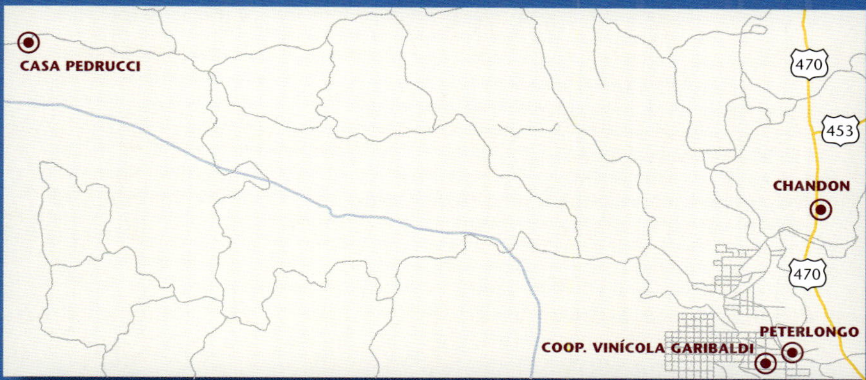

dos espumantes em sua sede toda em pedra basáltica. A Chandon possui uma visita organizada e oferece uma verdadeira aula sobre o processo de fabricação. A vinícola Garibaldi tem uma loja com ampla variedade de produtos e acessórios. Por fim, a Casa Pedrucci, com espumantes diferenciados e as histórias de Gilberto.

Visitar as vinícolas é o principal programa de quem vai a Garibaldi, mas há outros passeios interessantes. No centro da cidade, o roteiro Passadas - Arquitetura do Olhar - leva as pessoas de bom gosto e de interesse por arquitetura e história a percorrerem várias ruas observando as fachadas de prédios comerciais e públicos, igrejas e casarões. São 35 exemplares de construções na Rua Buarque de Macedo e outras próximas.

No interior do município, desligue o GPS, o celular e conecte-se com as estradinhas e com a natureza. Dirija devagar e com a máquina a postos para registrar as surpresas do caminho. Capelas são mais de vinte, além de pequenos produtores de vinhos, espumantes, salames e outros produtos da região.

ONDE COMER E FICAR

COMER

FORA DAS VINÍCOLAS

***Hostaria Casacurta* ♥ *(italiana/francesa)*.** *Hotel Casacurta. Rua Luiz Rogério Casacurta, 510. Tel.: (54) 3462-2166. Terça a sábado, das 19 às 23h.*
Melhor experiência da cidade. Ambiente rústico e aconchegante, no porão do hotel. Primeiro, a salada do chef, que leva queijo de cabra. Continuando "light" (mas com muito sabor), ravioli verdi com manteiga e sálvia. Tudo isso na companhia do Brut Ponto Nero. Para voltar com certeza.

***Ristorante Del Filippi* ♥ *(cozinha típica italiana)*.** *Rodovia RS 470, km 221. Tel.: (54) 3463-8065. Diariamente, das 11:30 às 16h. De quinta a domingo, das 19 às 23h.*
Surpreendeu pela eficiência do atendimento e pela comida, melhor e mais variada que as tantas outras casas que servem o típico almoço italiano. Destaque para a fortaia, omelete dos camponeses, feito com queijo e salame coloniais.

Dona Carolina (cozinha italiana) ♥ . *Rodovia RS 470, km 22, dentro da pousada Castello Benvenutti. Tel.: (54) 3388-3355. Terça a sábado, das 19:30 às 23h.*
Ambiente aconchegante. Filé ao molho de mostarda com arroz de ervas e batata sauté, tomate cereja e cogumelos recheados. Para sobremesa, recomendo cannolis com recheio de creme e camafeu com calda de frutas vermelhas ou pera com sorvete de mel e calda de frutas vermelhas. Ambos muito bons. Preço um pouco acima da média.

Casa Di Paolo ♥ ***(cozinha típica italiana).*** *Rodovia RS 470, km 221,6, Castello Benvenutti. Tel.: (54) 3463-8505. Diariamente, das 11:30 às 15h. Segunda a sábado, das 19 às 23h.*
Aqui não é frango...é galeto de verdade! O cardápio de grelhados é o mais completo da região, com linguiça, cordeiro, javali, filet mignon, entrecot, picanha e até salmão. Também possuem uma unidade no pipa pórtico, em Bento. Ah, e o radicchio é o melhor do mundo.

ONDE COMER E FICAR

Osteria Della Colombina* Ⓡ *(cozinha típica italiana). *Estrada do Sabor, Comunidade Linha São Jorge. Tel.: (54) 3464-7755. De terça a domingo, apenas para almoço.*
A casa só abre se já houver reserva para ao menos dez pessoas. Portanto não arrisque. Ligue e verifique se está aberta e se há disponibilidade. Como manda a tradição, o restaurante fica no porão da casa. Não estranhe, o piso é de chão batido mesmo, como antigamente. Comandado por Dona Odete Bettú Lazzari e suas filhas. Não deixe de experimentar os doces.

Rer DiVino. **Ⓡ** ***(cozinha italiana).*** *Rua Dante Grossi, 379. Tel.: (54) 3462-2913. Empório: terça a sábado, das 10 às 23h e domingo das 11:30 às 16h. Almoço, das 11:30 às 14:30h; happy hour das 18 às 20h e jantar das 19 às 23h. Domingo rodízio de massas, risotos e grelhados das 11:30 às 16h.*
O coringa de Garibaldi. Quer comprar vinho? Quer almoçar, jantar? Que tal um happy hour, provando vários vinhos e espumantes por taça? Parada obrigatória para quem está na cidade.

Dolce Mattina (cafés e lanches). *Rua General Osório, 256. Tel.: (54) 3462-4053. Terça a sábado, das 9 às 22h; domingo e feriado, das 15:30 às 22h.*
Ideal para quem não quer perder muito tempo entre uma visita e outra (dá para ir a pé da Vinícola Garibaldi). Expressos, cafés, doces, sanduíches e pratos quentes. Opções para toda a família.

ONDE COMER E FICAR

Trattoria Primo Camilo (cozinha italiana)*. Av. Rio Branco, 1080. Tel.: (54) 3462-3333. De segunda à quinta, das 19:30 às 22:30h; sexta e sábado, das 19:30 às 23:30h.*

Comida boa e farta (pedi meia porção e dava para dois). Ambiente típico italiano. Completa carta de vinhos. Saladas, massas e carnes. Buon Appetito!

Angelo's (churrasco)*. Av. Independência, 314. Tel.: (54) 3462-1731. Diariamente, das 11 às 15h e a partir das 19h. Domingo só almoço.*

É a churrascaria da cidade. Ambiente simples, atendimento familiar e comida saborosa. Quer mais? Preço justo.

FICAR

FORA DAS VINÍCOLAS

Hotel Casacurta ♥*. Rua Luiz Rogério Casacurta, 510. Tel.: (54) 3462-2166.*

Estilo provençal, com 31 elegantes acomodações. Café da manhã magnífico e toda atenção da equipe fazem desta uma das boas opções de toda a serra gaúcha. O restaurante deve fazer parte de seu roteiro.

Pousada Castelo Benvenutti. *RST 470, km 221,6. Tel.: (54) 3388-3388.*
Com dezoito quartos apenas, a pousada tem ares medievais e de montanha. Duas grandes comodidades são os restaurantes Casa Di Paolo e Dona Carolina a pouco metros de seu apartamento. Ao reservar, solicite uma acomodação de fundos para fugir do braulho da rodovia.

Hostel Sítio Crescer. *Rua Buarque de Macedo, 5743. Tel.: (54) 98145-0037.*
Para pagar muito pouco e estar junto à natureza, com horta orgânica, açude e ótimo atendimento, sem dúvida é a melhor opção da cidade.

Hotel Mosteiro São José. *Rua Buarque de Macedo, 3590. Tel.: (54) 3462-4577.*
Única opção de hospedagem do guia com missa incluída – quinta, sábado e domingo. O mosteiro passou a receber hóspedes em 1972 e, desde então, é perfeito para quem busca paz e tranquilidade. Belos jardins e preços cristãos.

CASA PEDRUCCI

www.casapedrucci.com.br

FUNDAÇÃO *2002* **ÁREA PLANTADA** *não tem* **PRODUÇÃO ANUAL** *20 mil garrafas*

END. *Linha Presidente Soares, s/n - Garibaldi*
GPS *29°12'14.7"S 51°40'00.7"W*
GOOGLE *-29.204095, -51.666863*
DISTÂNCIA DO CENTRO DE GARIBALDI *20 km*
VISITAS *pedrucci@casapedrucci.com.br*
TEL. *(54) 3462-4948 ou 3464-7878*
FUNCIONAMENTO *segunda à sexta, a combinar*

"Esse é o Cara"

Gilberto Pedrucci faz espumante "desde sempre" e conhece tudo da arte. Trabalhou na Peterlongo e com Mario Geisse. De perfil reservado, escolheu no interior do município um prédio todo construído em pedra que abrigou a primeira vinícola de Garibaldi há mais de cem anos para montar sua microchampanharia, como chama a vinícola.

Cremosidade, complexidade, densidade, fermentação lenta, fineza dos aromas, qualidade, consistência da matéria-prima e muita paixão. Perguntado sobre qual é o segredo para obter espumantes tão especiais, Gilberto diz que é ater-se aos detalhes. "O método está nos livros, mas os detalhes não. Utilizo apenas o mosto flor extraído até 50% do peso da uva". Em teoria, os espumantes não são feitos para durar. Mas os de Gilberto são diferentes, podendo passar de uma década.

Por ser uma vinícola quase de um homem só – Gilberto faz tudo com um funcionário apenas – as visitas são bem limitadas. Ligue e combine com ele. Garanto que será inesquecível. Leve dinheiro, pois não aceita cartão.

Vale conferir:

- *Brut Tradicional. Ataque adocicado, que precede um frescor que invade a boca. Riesling, Pinot Noir, Chardonnay e um toque de Trebbiano. Perlage consistente. Paladar macio.*
- *Brut Reserva. 24 meses de maturação. Aromas a frutas maduras, pão tostado e manteiga...tudo muito discreto e elegante.*
- *Nature Reserva. Um desafio para qualquer enólogo, pois não é possível equilibrá-lo com o açúcar do licor de expedição. Notas maduras, como frutas cristalizadas. Peso e cremosidade.*
- *Millésime. Apenas mil garrafas produzidas. 36 meses de maturação. O Chardonnay passou por barrica. Como diz Gilberto, "harmoniza com pessoas exclusivas e de bom gosto".*

CHANDON

www.chandon.com.br

FUNDAÇÃO *1973* **ÁREA PLANTADA** *81ha* **PRODUÇÃO ANUAL** *não informado*

END. *BR 470, km 224 - Garibaldi*
GPS *29°13'53.9"S 51°30'55.6"W*
GOOGLE *-29.231647, -51.515442*
DISTÂNCIA DO CENTRO DE GARIBALDI *5,1km*
VISITAS *visitas@chandon.com.br*
TEL. *(54) 3388-4400*
FUNCIONAMENTO *segunda à sexta, das 08:30 às 11:30h e das 13:30 às 17h; sábado, das 9:30 às 11:30h e das 13:30 às 15:30h*

Aula Magna

Aula Magna é aquela que dá início ao semestre letivo nas universidades, geralmente proferida pelo reitor ou pelo diretor do curso. Da mesma forma, os amantes das borbulhas devem visitar a Chandon antes de qualquer outra vinícola, para que possam aprender de verdade o processo de elaboração dos espumantes pelo método Charmat.

Em um ambiente quase asséptico, passeie por entre os reluzentes tanques isobáricos enquanto ouve as explicações sobre os processos de fermentação e envelhecimento do espumante. Os "alunos", além de verificarem através de uma janela o processo de fermentação dentro do tanque, poderão provar o produto ainda em processo, experiência única neste guia.

Continuando a aula, de onde vem o gás dos espumantes? São adicionados 25 gramas de açúcar por litro de vinho. A cada quatro gramas as leveduras geram um bar ou uma atmosfera de pressão. Em uma garrafa de espumante a pressão varia entre cinco e seis atmosferas. E quanto mais lenta a fermentação, mais finas serão as borbulhas. Todos estes detalhes você vai sentir na degustação de seis espumantes, oferecida sem custo. Mas reserve com antecedência, pois são apenas 12 alunos por turma.

Vale conferir:

- *A identidade dos produtos Chandon é fornecida pelo assemblage gerenciado pelos três enólogos da casa a partir das castas Chardonnay (frutas tropicais), Pinot Noir (volume de boca) e Riesling Itálico (aromas cítricos), provenientes de vinhedos próprios e de 125 produtores parceiros do Vale dos Vinhedos e de Encruzilhada do Sul.*
- *Excellence Brut e Excellence Rosé. Com volume de boca expressivo, são aromáticos e complexos, fruto dos 12 meses de amadurecimento que o líquido passou em contato com as leveduras no tanque. O melhor Charmat do Brasil! É para comprar os dois.*

COOPERATIVA VINÍCOLA GARIBALDI

www.vinicolagaribaldi.com.br

FUNDAÇÃO *1931* **ÁREA PLANTADA** *não informado* **PRODUÇÃO ANUAL** *22,7 milhões de garrafas*

END. *Av. Independência, 845 - Garibaldi*
GPS *29°15'26.9"S 51°31'15.1"W*
GOOGLE *-29.257483, -51.520862*
DISTÂNCIA DO CENTRO DE GARIBALDI *650 metros*
VISITAS *não é preciso agendar. Para grupos acima de dez pessoas: varejo@vinicolagaribaldi.coop.com.br*
TEL. *(54) 3464-8104*
FUNCIONAMENTO *segunda a sábado, das 9 às 17h; domingo e feriados, das 10 às 16h*

Como Napoleão

Umas das mais tradicionais da Serra Gaúcha, a cooperativa conta com 370 associados espalhados pelo interior do município. A parte produtiva não está aberta para visitação, mas há um circuito bem montado com fotos, pipas e equipamentos que contam a história da vinícola e explicam o processo de elaboração. Ao longo do percurso, várias frases inspiradoras e relacionadas ao vinho, como: "Diga-me o que bebes e dir-te-ei quem és".

Os guias são divertidos, preparados e atenciosos. Durante a degustação, uma surpresa. Um dos espumantes é aberto por sabrage, técnica utilizada por Napoleão, que utilizava a parte de trás de seu sabre para abrir as garrafas de champagne após vitórias e, imagino, após as derrotas também.

Somente uma loja ampla poderia receber bem a todos e ainda exibir os 72 rótulos produzidos e toda a gama de acessórios, inclusive o sabre, vendido pelo menor preço da região. Uma compra certa é a tampa para fechar espumantes, que preserva o gás por até um dia, suficiente para terminar a garrafa na próxima refeição.

Vale conferir:

- *Giuseppe Garibaldi, um charmat longo bem cremoso e aromático.*
- *Espumante Moscatel, o mais vendido e mais premiado da vinícola, ranqueado entre os cem melhores do mundo.*
- *A linha Acordes só está disponível na degustação premium (paga), que acontece em um balcão atrás da loja. O espumante elaborado pelo método tradicional repousa por dois anos em autólise. Para ser servido durante a refeição.*
- *A visita é gratuita e, como em toda cooperativa, os preços são bem em conta.*

PETERLONGO

www.peterlongo.com.br

FUNDAÇÃO *1915* **ÁREA PLANTADA** *8 ha* **PRODUÇÃO ANUAL** *16 milhões de garrafas*

END. *Rua Manoel Peterlongo Filho, 216 - Garibaldi*
GPS *29°15'33.6"S 51°31'33.8"W*
GOOGLE *-29.259327, -51.526050*
DISTÂNCIA DO CENTRO DE GARIBALDI *1,8 km*
VISITAS *eventos@peterlongo.com.br*
TEL. *(54) 3462-1355*
FUNCIONAMENTO *diariamente, das 9 às 16h. Tour a cada hora*

O único champagne do Brasil

Manoel Peterlongo chega ao Brasil em 1868 com o sonho de produzir champagne, sendo um dos primeiros 500 habitantes de Garibaldi. Trabalhava para o governo e recebia parte do salário em pedra basáltica, usada para construir a vinícola, que segue o estilo de Champagne, na França, com a casa da família dentro da propriedade e em formato de palacete. É a maior construção em pedra basáltica do Brasil.

Como já exibia a palavra champagne no rótulo desde 1913, quando a denominação de origem foi criada na França em 1927, foi autorizada a comercializar no Brasil seu espumante obtido pelo método tradicional com o nome champagne no rótulo.

O visitante aprende sobre os métodos de elaboração – tradicional, charmat e asti - conhece a cave de dez mil metros quadrados e visita o Roteiro do Champagne, uma exposição do maquinário antigo que ajuda a explicar todo o processo de elaboração. Outro ponto curioso da visita é conhecer o túnel por onde entra o vento Minuano, que antigamente congelava as garrafas, preparando-as para o dégorgement.

Vale conferir:

- *Elegance Nature. Leva quatro anos e meio para sair à venda. Bem aromático, envolvente, e de perlage fino. Para tomar durante a refeição. Experimente com carne de porco ou massas com molho forte, como carbonara e trufas. São produzidas 14 mil garrafas, mas metade estoura nos primeiros seis meses devido à pressão interna.*
- *Moscatel Presence, elaborado como Moscato Bianco e Moscato Gialo, bem equilibrado, mesclando o doce com o cítrico. Bem difícil de encontrar. Também em versão Rosé.*

3
30
4
6
26
26
3
5
26
26
24
8
URUGUAI
7
2
5
8
3
CARMELO
9
COLONIA
1
11
8
MONTEVIDEO
PUNTA DEL ESTE

BIENVENIDO A LA REPÚBLICA ORIENTAL DEL URUGUAY

O rio Uruguai, rio dos pássaros pintados na língua Guarani, marca a divisa e batiza este país um pouco maior do que o Ceará, quase escondido entre Brasil e Argentina. Cada um de seus 3,3 milhões de habitantes faz o país sair do anonimato quando o assunto é vinho, pois bebe cerca de 30 litros por ano, maior consumo per capita das Américas, muito a frente de Estados Unidos, Chile, Argentina e, claro, o Brasil, que nem chega a dois litros. A produção uruguaia já equivale a 60% da brasileira, sendo 40% consumida internamente. O país sempre foi um tradicional produtor de vinhos de mesa, mas iniciou a reconversão de seus vinhedos para a produção de vinhos finos, os VCP (Vino de Calidad Preferente), impulsionada pelo INAVI - Instituto Nacional de Vitivinicultura, criado em 1987.

A maior parte do território está entre os paralelos 31 e 35, na mesma latitude que África do Sul, Austrália, Mendoza e os principais vales produtores chilenos. Por ser banhado pelo Atlântico e pelo Rio da Prata, o país recebe muito mais chuvas – 1.300 milímetros anuais por metro quadrado – do que as regiões produtoras chilenas e argentinas, mais próximas à cordilheira dos Andes e com influência continental. Assim, praticamente não há necessidade de irrigação. O clima é marítimo e mais húmido no litoral, e temperado no interior, com as quatro estações bem definidas. As noites sempre frescas, mesmo no verão, garantem acidez natural às uvas, sem necessidade de corrigi-la, como ocorre no Chile e na Argentina. Os vinhos brasileiros também possuem a mesma acidez natural, um dos sinais de longevidade.

A cepa-emblema do país é a Tannat, variedade francesa oriunda de Mardiran, sul da França, trazida pelo imigrante basco Pascal Harriague em 1870. Diferente de sua terra natal, onde seus "taninos continuam verdes para sempre", foi domesticada e hoje produz varietais e cortes de primeira grandeza. Ouso dizer que a Tannat é superior à "uva-celebridade" Cabernet Sauvignon, pois além de estrutura, apresenta mais cor e mais fruta. Não há melhor uva para acompanhar um bom churrasco (nem a Malbec). E para acompanhar a feijoada, é a única recomendada pelos médicos.

MONTEVIDEO
E CANELONES

Ouvi de alguns conterrâneos, antes de conhecê-la, que a capital uruguaia era velha, antiga, "acabada". Após três viagens, minha melhor definição é uma "cidade como antigamente". Lembra, caro leitor, antigamente, quando era possível caminhar por aí sem ser assaltado? Quando as pessoas eram educadas e se cumprimentavam? Olhavam-se nos olhos e não apenas para pequenas telas de celular? Quando a comida era boa e sem tantos conservantes? Quando as ruas acomodavam todos os carros? Quando havia menos impostos a pagar e menos pressa para viver? Quando a saúde e a educação funcionavam? Pois é, Montevideo é assim... como antigamente. Grandes prédios espelhados, carrões europeus cortando largas avenidas, megashoppings, executivos frenéticos almoçando em restaurantes da moda? Só que não.

ANTIGUA BODEGA STAGNARI
ARTESANA
BOUZA
CARRAU
CASTILLO VIEJO
ESTABLECIMIENTO JUANICÓ E FAMILIA DEICAS
FILGUEIRA
H. STAGNARI
MARICHAL
PISANO
PIZZORNO
VARELA ZARRANZ

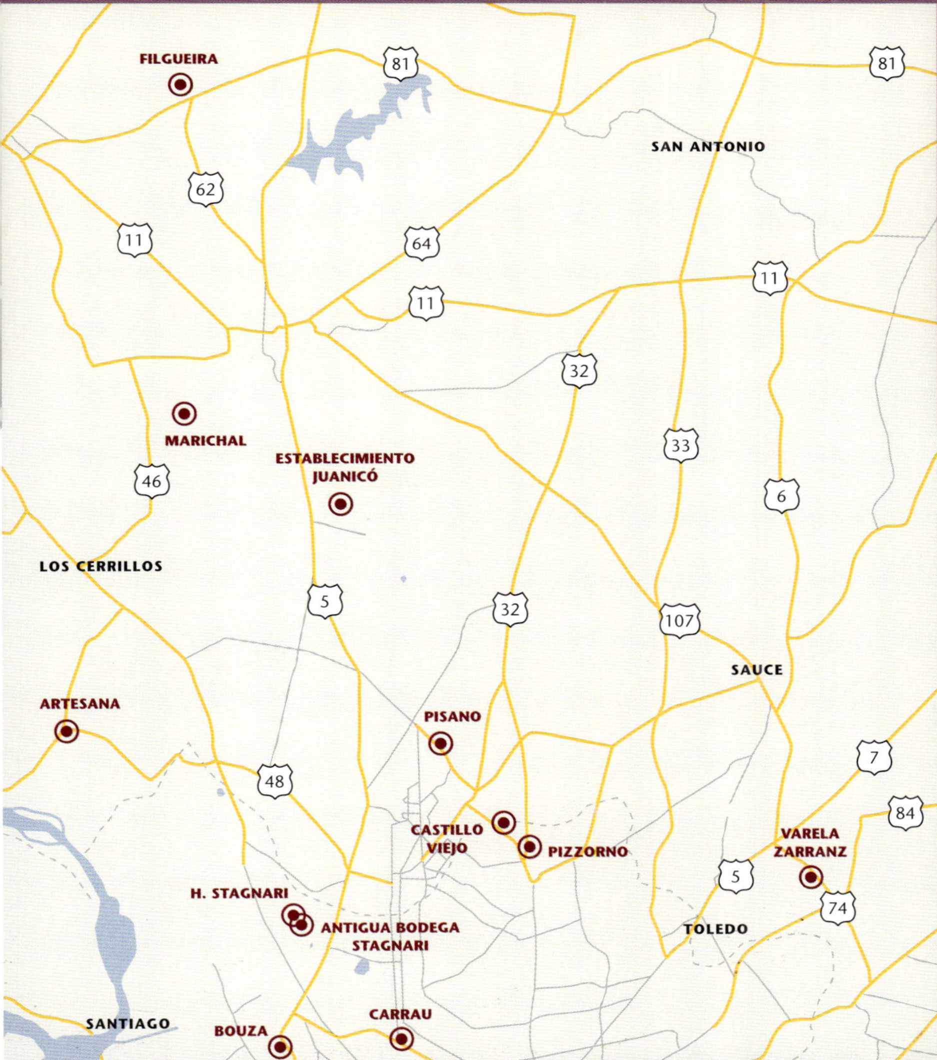

As opções de lazer são várias: conhecer alguns dos parques da cidade (como o Rodó), caminhar pela rambla ao entardecer, passear pela Ciudad Vieja, entrar em ao menos uma igreja (recomendo o Santuario Nacional del Sagrado Corazón de Jesús), assistir a um show de tango (sim, Carlos Gardel é Uruguaio) e comer, comer muito.

A cidade de Canelones, com apenas vinte mil moradores, não seduz muito, mas a maioria das vinícolas do país está concentrada neste departamento ou município. Contando com Montevideo, são doze avaliadas pelo guia. A região é responsável por nada menos do que 85% do vinho uruguaio. As cepas tintas dominam, com 77% da produção. Destaques para Tannat, Moscatel de Hamburgo e Merlot. A Ugni Blanc predomina entre as brancas.

VINHO POR UM DIA

Os restaurantes recomendados pelo guia estão em Montevideo, o que pode representar entre meia e uma hora de deslocamento se você estiver em uma vinícola pela manhã. Assim, as opções são:

• Agendar o almoço em alguma das vinícolas (se o serviço estiver disponível);

• Visitar uma vinícola pela manhã, almoçar em Montevideo, e retornar para visitar outra vinícola mais tarde;

• Pedir sugestões de restaurantes na localidade ao staff da vinícola;

• Visitar apenas uma vinícola pela manhã por dia; ou duas pela tarde.

33 TINTOMANÍACOS I

A vinícola Establecimiento Juanicó produz a linha mais emblemática do país, a Don Pascual, que provavelmente você provará em algum restaurante. A maioria dos vinhos é fácil e frutada, com passagem "simbólica" em madeira. Não deixe de provar alguns dos doze rótulos da linha Reserve, mas invista seu tempo mesmo nas Edições Limitadas: Colección del Fundador, Selección del Enólogo e Single Barrel, que são excelentes e relativamente baratos. A Castillo Viejo é mais conhecida pela linha Cata Mayor. Prove Gran Vin e Gran Tannat. Na linha Castillo Viejo, o Vieja Parcela Cabernet Franc. O El Preciado é o ícone da vinícola.

SUGESTÃO DE ROTEIRO: Juanicó pela manhã. Almoço e visita na Castillo Viejo.

34 TINTOMANÍACOS II

Em função da distância, comece pela Filgueira, onde você aprenderá muito. O puro sangue Tannat Edición Exclusiva era o ícone da casa até o lançamento da linha Famiglia Necchini, com três rótulos que estagiam 24 meses em carvalho. Na Marichal, prove os raros blends da Reserve Collection e, se possível, o "A".

SUGESTÃO DE ROTEIRO: Filgueira pela manhã. Almoce na Juanicó e siga para terminar o dia com a família Marichal.

35 TINTOMANÍACOS III

A Artesana é uma vinícola de enólogas que fazem "vinho para

Homem". A paisagem é linda e os vinhos são encorpados e de personalidade forte. A Antigua Bodega Stagnari possui uma linha mais ampla, com destaque para os rótulos Prima Donna, meus preferidos e com preços justos.

SUGESTÃO DE ROTEIRO: Antigua Bodega pela manhã. Asado e degustação na Artesana se a temperatura permitir.

36 WHITELOVERS

Na Varela Zarranz as atrações são o Petit Grain Muscat e o Rosado. A Bouza oferece brancos diferenciados, como o Riesling Pan de Azúcar, o Chardonnay Cocó e o Albariño.

SUGESTÃO DE ROTEIRO: Varella Zarranz pela manhã. Almoço e visita na Bouza.

37 BORBULHAS

Os espumantes María Zarranz Brut Nature e Extra Brut são delicados e aromáticos. Na Pizzorno, escolha a Degustación Dulce, que inclui três espumantes – Brut Nature, Reserve, Rosé - e o exclusivo Arazá Ice Wine

VINHO POR UM DIA

SUGESTÃO DE ROTEIRO: Varela Zarranz pela manhã. Almoço e visita na Pizzorno.

38 FAMILIARES

Neste roteiro você com certeza será recebido pela família. Os irmãos Pisano são bons de vinho e de prosa. Nos Pizzorno, visite o vinhedo e aprenda sobre o processo e também como degustar. É possivel ajudar na colheita também.

SUGESTÃO DE ROTEIRO: Pizzorno pela manhã, incluindo o almoço. Termine o dia na Pisano.

39 VINHOS DE EXCEÇÃO I

Não há outra vinícola em todo guia com uma linha de alta gama tão ampla como a H. Stagnari. Podemos dizer que Hector Stagnari é um enólogo que elabora seus vinhos como os melhores chefs do mundo elaboram seus pratos. Dinastía, Escuadra, Compás e outros são verdadeiras criações que têm lugar cativo nas melhores adegas. A Familia Deicas é a bem-sucedida iniciativa da vinícola Juanicó na elaboração de vinhos exclusivos, como Preludio, Massimo Deicas e a linha Atlantico Sur com suas pequenas parcelas.

SUGESTÃO DE ROTEIRO: Juanicó pela manhã. Almoce na própria vinícola e siga para a H. Stagnari. Se for com os amigos, inverta o roteiro visitando a Juanicó e almoçando um belo asado na H. Stagnari (reservar com antecedência).

40 VINHOS DE EXCEÇÃO II

A Carrau elabora vinhos de altíssima gama em suas duas unidades produtivas a partir de uvas de vinhedos de várias partes do país. De cima para baixo, Vilasar, AMAT (a melhor expressão da cepa Tannat do mundo na minha opinião), 1752, Ysern e Arunguá. Os fortificados Vivent também são estrelas desta constelação. A Bouza, que estreou no mundo do vinho apenas em 1999, mostra para que veio com sua linha Parcela Única e com o clássico Monte Vide Eu.

SUGESTÃO DE ROTEIRO: Carrau pela manhã. Almoço e visita na Bouza.

ONDE COMER E FICAR

COMER

DENTRO DAS VINÍCOLAS

Bouza. (parrilla, internacional). *Camino de la Redención, s/n. Tel.: (598) 2323-4030. Diariamente, das 12 às 16h.* Reserve tempo para aproveitar este momento. A degustação, ao final da visita, já é realizada no próprio restaurante, acompanhada de queijos, pães, frios e conduzida por um sommelier. O menu é a la carte e nele o baby beef reina absoluto entre os demais cortes. O petit gâteau de doce de leite é obrigatório. O restaurante é muito concorrido aos fins de semana e na temporada de cruzeiros. Portanto, reserve com antecedência.

FORA DAS VINÍCOLAS

Café Misterio (internacional). *Costa Rica, 1700, esquina com General Rivera, Carrasco. Tel.: (598) 2601-8765. Segunda à sexta, a partir das 12h. Sábado, das 19:30 à 1h;*
Sempre cheio, no almoço e no jantar. Ambiente descontraído com música mais alta. Carta de vinhos completíssima e menu diversificado: carnes, saladas, frutos do mar e sushi. Não pule nenhuma etapa. Escolha seus vinhos e percorra entrada, principal e sobremesa. Imperdível!

La Cocina de Pedro (parrilla, internacional). *Gonzalo Ramírez, 148, esquina com J.B. Amorín, Palermo. Tel.: (598) 2413-745. Segunda a sábado, das 12 às 15:30h e das 20h à meia-noite; domingo, do meio-dia às 16h.*

Moderno, cheio de vida e de gente interessante, a começar pela sommelière que lhe indicará ótimas opções por taça e os pratos que combinam com o vinho sugerido. Difícil decidir o que comer com tanta variedade, de milanesas a saladas, de risotos à picada de parrilla.

Garcia* ♡ *(parrilla). *Dr. A. Arocena, 1587, Carrasco. Tel.: (598) 2600-2703 e 2601-8681. Diariamente, das 8 à 1:30h.*
Casa tradicional, aberta desde 1967. A parrilla funciona bem e rápido. rack de cordero para entrada e baby beef Garcia premium como principal, acompanhado de sala mista e boniato zanahoria, uma batata doce cor de cenoura que acompanha muito bem a carne. Pertinho do aeroporto, perfeito para quem desembarca na hora do almoço.

ONDE COMER E FICAR

Al Forno* ♥ *(cozinha italiana e mediterrânea). *Solano García, 2421, Punta Carretas. Tel.: (598) 2710-1518. Diariamente, das 12 às 15h e das 20h à meia-noite.*
Indicado por uma vinícola (como sempre). Fui meio despretencioso, já lá pelas três da tarde. Era o único cliente. Entrada, principal e sobremesa maravilhosos. Os pratos são simples e balanceados, entre o gourmet e o gostoso. Carta com vinhos de vários países. Tem uma filial em Punta.

Tandory* ♥ *(cozinha de autor). *Ramon Masini esquina com Libertad. Tel.: (598) 2709-6616. Diariamente, das 12:30 às 15h e das 20h à meia-noite.*
Gabriel Coquel desistiu da engenharia há 13 anos para abrir este pequeno enclave da gastronomia contemporânea. O menu é extenso e variado, de peixe espada ao magret de pato, do coelho à galinha. Delicioso e bastante frequentado pelos estrangeiros. Reserva quase que obrigatória.

La Perdiz* ♥ *(parrilla). *Guipúzcoa, 350, atrás do Hotel Sheraton, Punta Carretas. Tel.: (598) 2711-8963. Diariamente, das 12 às 16h e das 19:30 à 00:30h.*
Tradicional opção da cidade. Carnes saborosas e serviço acima da média. Preço de acordo e carta de vinho baseada nos rótulos nacionais.

Pacharán* ♥ *(cozinha basca). *San José 1168, primeiro andar, esquina com Gutiérrez Ruiz. Tel.: (598) 2902-3519. Segunda a sexta, das 20 à 1h; sábado, das 12 às 15h e das 20 à 1h.*
Visitando as vinícolas percebe-se que o Uruguai acolheu muitos bascos ao longo de sua história, e este restaurante representa bem a culinária da região fraco-espanhola. Cuidado, pois, como não fica no nível da rua, é muito fácil perdê-lo. O ambiente, à primeira vista, não é dos melhores, mas a comida é deliciosa. É possível ficar toda a noite nos pinchos e tapas. Tudo fresco e bem temperado. Aqui provei o primeiro de muitos flan con dulce de leche das viagens.

Jacinto* ♡ *(cozinha de autor). *Sarandí, 349, esquina com Alzaibar, Cuidad Vieja. Tel.: (598) 2915-2731. Segunda, das 10 às 19h. Terça a sábado, das 10h à meia-noite.*
Ótima opção para quem está passeando pelo centro, tanto para almoço, jantar... ou para uma ciabatta de pimentões assados, camembert, espinafre e champignon no meio da tarde. O menu muda a cada estação. As saladas são maravilhosas, como a Burrata com rúcula, berinjelas grelhadas, tomate, orégano fresco e avelãs tostadas.

Francis* Ⓡ *(japonesa, internacional). *Luis de la Torre, 502, esquina com Montero, Punta Carretas. Tel.: (598) 2711-8603. Diariamente, das 12 às 15:30h e das 20h à meia-noite.*
Uma das referências gastronômicas da cidade. Carnes, saladas, frutos do mar e massas com um toque gourmet e contemporâneo. Excelente carta de vinhos.

Sin Pretensiones* Ⓡ *(cozinha comtemporânea). *Sarandí, 366, entre Alzaibar e Zabala, Ciudad Vieja. Tel.: (598) 2916-9972. Segunda à sexta, das 9:30 às 18:30h.*
Quiches, saladas, bruschettas e bocattas em ambiente incomum, quase um antiquário com traços de livraria e aura de brechó. Não deixe escapar a sobremesa e o café.

Tona* Ⓡ *(cozinha de autor). *Ingeniero Luiz Franzini, 955, Tel.: (598) 2712-7628. Terça a sábado, das 20:30 a 1h.*
O Chef Hugo Soca recebe todos os visitantes pessoalmente. Decoração criativa, o mesmo para a comida. Vale a pena. Bons momentos garantidos.

Panini's* Ⓡ *(cozinha italiana). *26 de Marzo, 3616, Nuevo Pocitos. Tel.: (598) 2622-1232. Diariamente, das 12 às 16h e das 19:30 à meia-noite.*
Ambiente agradabilíssimo. Pratos saborosos, sobretudo as massas, como a lasagna verdi (serve duas pessoas) e o ravioli de cordeiro ao molho de vinho é especial. Excelente carta de vinhos.

ONDE COMER E FICAR

62 Bar* Ⓡ *(cozinha japonesa). *Miguel Barreiro, 3301, esquina com Chucarro. Tel.: (598) 2707-3022. Terça a sábado, das 10 às 2h; domingo só almoço e segunda só jantar.*
Para beber e conversar entre tragos, sushis, ceviches e saladas.

Parrillada Trouville (parrilla). *Chucarro, 1031, Pocitos. Tel.: (598) 2707-6779. Diariamente, das 12 às 16h e das 19:30 às 11:30h.*
Parrilla de bairro, frequentada pelos locais. Pedi uma linguiça e depois uma carne com salada e batata. Sem erro! Excelente relação custo-benefício.

Mercado del Puerto (parrilla, frutos do mar). *Pérez Castellano, esquina com Rambla 25 de Agosto. Tel.: (598) 2711-6801. Diariamente, a partir das 12h.*

Sem dúvida um bom programa para o almoço. Todos os restaurantes são parecidos (o El Palenque é um pouco mais ajeitado, mas é mais caro). Cabaña Verónica e La Chacra foram testados e aprovados com louvor. Recomendo ir durante o dia. À noite a região não inspira segurança.

Milamores (milanesas). *Dr. Jose Scoseria, 2549, Pocitos. Tel.: (598) 2710-1246. Terça, quarta, quinta e domingo, das 20h à meia-noite; Sexta e sábado, das 20 à 1h; sábado e domingo, das 12 às 16h.*
Não conheço ninguém que não adore bife à milanesa. Imagine provar milanesas de carne, franco, cordeiro, porco, provolone e vegetarianas? São trinta opções!

El Fogón (parrilla). *San José, 1080. Tel.: (598) 2900-0900. Diariamente, almoço e jantar.*
Fundado em 1962, esse é daqueles restaurantes que você, ao entrar, já tem certeza que vai comer bem e ser bem atendido. Para quem gosta de parrilla completa, com todas as entranhas, aqui não faltam opções. Eu só não contava com a panqueca de doce de leite no final: matadora!

Boca Negra (tapas e vinhos). *Ellauri, 3, em frente ao Shopping Punta Carretas. Tel.: (598) 2716-5935. Terça a domingo, das 12 às 23:45h.*
É uma loja de vinhos onde é possível provar 24 rótulos por taça ou abrir uma garrafa a preço de loja, pagando a rolha de 100 pesos. Para acompanhar, empanadas e outras coisinhas. Só trabalha com rótulos uruguaios, chilenos e argentinos.

ONDE COMER E FICAR

FICAR

FORA DAS VINÍCOLAS

***Regency Park Hotel + Spa* ♥.** *Ruta 8, km 17. Tel.: (598) 2517-0101.*
Maravilhoso, em meio à natureza – dormir sem barulho não tem preço. Bem mais próximo das vinícolas e, ao mesmo tempo, perto da cidade se você quiser jantar fora. Ótima opção para chegar dos passeios e relaxar na jacuzzi ou na piscina interna.

***Oliva Luxury Hotel* ♥.** *Francisco Garcia Cortina, 2371, Punta Carretas. Tel.: (598) 2711-3333.*
Apenas 12 suítes. "Do lado" do shopping e na esquina você tem o Boca Negra para provar um vinho diferente todos os dias.

***Alma Histórica Boutique Hotel* ♥.** *Solís, 1433, Ciudad Vieja. Tel.: (598) 2914-7450.*
Quinze charmosas suítes a 200 metros do Mercado Del Puerto e 500 metros da rambla. Áreas comuns com decoração de época. Tudo elegante, nada velho. Acomodações espaçosas e modernas, com piso em madeira. Ideal para quem gosta de caminhar pelo centro da cidade, visitar alguns dos vários museus das redondezas e ver a vida pulsando.

***AXSUR Design Hotel* ♥.** *Misiones, 1260, Ciudad Vieja. Tel.: (598) 2916-2747.*
O design não está só no nome. Café da manhã excelente e com vista para o mar. Equipe nota dez. Custo-benefício inacreditável.

***Cala di Volpe Boutique Hotel* Ⓡ.** *Rambla Gandhi, esquina com Parva Domus. Tel.: (598) 2710-2000.*
Quartos enormes e com janela panorâmica. A sala de ginástica com vista para o rio é um convite a queimar um pouco das calorias da viagem.

Sofitel Montevideo Casino Carrasco. **R**. *Rambla República de México, 6451, Carrasco. Tel.: (598) 2604-6060.*
Cartão Postal da hotelaria da cidade, mas palácio do que hotel. Luxo, serviço excepcional, uma aura mágica para ficar na memória.

Hotel Cottage **R**. *Miraflores, 1360, Carrasco. Tel.: (598) 2600-1111.*
Em frente à rambla. Excelente café da manhã.

Don Boutique Hotel **R**. *Piedras, 234, Ciudad Vieja. Tel.: (598) 2915-9999*
Hotel de 1938 em Art Decó todo reformado. Ambiente refinado, estacionamento privativo, piscina, funcionários amáveis. Ótima opção para hospedar-se no centro.

BIT Design Hotel. *Ramon Fernandez, 265, Punta Carretas. Tel.: (598) 2712-3455.*
Do lado do shopping, estilo moderno e clean.

ANTIGUA BODEGA STAGNARI

www.antiguabodegastagnari.com.uy

FUNDAÇÃO *1928* **ÁREA PLANTADA** *38 ha* **PRODUÇÃO ANUAL** *300 mil garrafas*

END. *Ruta 5, km 20 – Santos Lugares, Canelones.*
GPS *34°44'36.3"S 56°16'06.9"W*
GOOGLE *-34.743418, -56.268586*
DISTÂNCIA DE MONTEVIDEO *25 km*
VISITAS *info@antiguabodegastagnari.com.uy*
TEL. *(598) 2362-2137*
FUNCIONAMENTO *segunda à sexta, das 8 às 11:30h e das 13 às 17h*

Pedra, Mulheres e Vinho

Conhecida por ser uma Bodega de Mujeres, pois Laura, Mariana e Virgínia Stagnari comandam a enologia da casa. Como muitas outras, trata-se de uma vinícola familiar de origem italiana que começou produzindo vinho de mesa, ainda responsável por grande parte da produção.

Os vinhedos têm ao redor de 25 anos e são rodeados por pedreiras de granito rosa, em decomposição há 500 milhões de anos, que também é encontrado logo abaixo da grama e da terra negra que acolhe o vinhedo. Esta combinação funciona como um filtro perfeito, evitando o excesso de água às plantas, cujas raízes talham a pedra com o passar dos anos em busca de sua maior expressão.

Durante o tour, sente-se o vento marítimo (cortante no inverno), que traz acidez aos vinhos. A vinícola caminha para a certificação orgânica e por isso sua viticultura é a menos intervencionista possível.

A visita sem degustação é gratuita – necessário reservar, sobretudo aos sábados. A vinícola também organiza parrilladas para grupos, onde se degustam oito vinhos, acompanhados da melhor carne do mundo.

Vale conferir:

- *Del Pedregal é a linha de entrada, com oito rótulos. O corte Tannat, Merlot, Cabernet é uma das melhores relações custo-benefício do guia. Por apenas cinco dólares, você terá um vinho elegante, frutado e estruturado com alguma passagem em carvalho americano.*
- *Prima Donna é a linha reserva. Também um vinho muito barato pelo que entrega. Um dos melhores Merlot da América do Sul. Frutas vermelhas maduras e o chocolate da madeira. "Doce" e estruturado.*
- *Osyris Tannat. Uma homenagem ao Deus egípcio da agricultura. 15 meses em carvalho e dois anos em garrafa. Fermentação malolática na própria barrica e não filtrado. Denso, pura compota. Produção de apenas cinco mil garrafas e quando a safra permite.*

ARTESANA

www.artesanawinery.com

FUNDAÇÃO *2011* **ÁREA PLANTADA** *8,5 ha* **PRODUÇÃO ANUAL** *30 mil garrafas*

END. *Ruta 48, km 3,6, Las Brujas - Canelones*
GPS *34°40'21.7"S 56°22'05.8"W*
GOOGLE *-34.67269, -56.36827*
DISTÂNCIA DO CENTRO DE MONTEVIDEO *40 km*
VISITAS *turismo@artesanawinery.com*
TEL. *(598) 9578-0629 / 9459-61409*
FUNCIONAMENTO *A combinar*

"Las Brujas del vino"

Vinícola pequena e simples cuja filosofia é obter uvas de extrema qualidade e conservá-las durante toda sua estada na adega para que os vinhos expressem as características fieis do lugar, convertendo-se em verdadeiros embaixadores do terroir.

Os donos são americanos e deixam a vinícola a cargo de duas enólogas. Se você pensa que, por esta razão, os vinhos são suaves, esqueça: são dos mais estruturados e robustos do guia, apesar da delicadeza dos rótulos. Passam por maceração pós-fermentativa prolongada e não são filtrados. Claro, o álcool está presente, mas escondido em meio à fruta. Brancos não são elaborados.

Por se tratar de uma vinícola boutique, a visita é personalizada, quase caseira. A degustação inclui quatro vinhos, começando pelo Rosé, seguido pelo Zinfandel, exclusividade da vinícola no país. Dois vinhos Reserva fecham os trabalhos, sempre acompanhados por uma picada de queijos e frios.

Vale conferir:

- *A vinícola está inserida em um belíssimo entorno. O lounge externo é ideal para os que visitam no verão ou princípio do outono, onde são elaboradas as parrilladas. Segundo testemunhos, farta e saborosa. "Come-se e bebe-se muito e bem". Assim sacramentaram os turistas mineiros que terminavam seu almoço.*
- *Tannat Rosé. Um Rosé "de macho", estruturado, que acompanha qualquer carne. Compre e surpreenda os amigos.*
- *Edição limitada. Assemblage de Tannat, Zinfandel e Merlot. Elaborado apenas quando a natureza o permite. Dois anos em carvalho francês novo. Quase mastigável. Para guardar.*

BOUZA

www.bodegabouza.com

FUNDAÇÃO *1999* **ÁREA PLANTADA** *32 ha* **PRODUÇÃO ANUAL** *150 mil garrafas*

END. *Camino de la Redención, s/n - Montevideo*
GPS *34°47'25.5"S 56°16'36.0"W*
GOOGLE *-34.790426, -56.276653*
DISTÂNCIA DO CENTRO DE MONTEVIDEO *20 km*
VISITAS *visitas@bodegabouza.com*
TEL. *(598) 2323-4030 / 7491*
FUNCIONAMENTO *segunda à sexta, às 11, 13:30 e 16h; sábado, domingo feriados regionais, às 11 e 16h*

Cuidar de todos os detalhes

Uma verdadeira vinícola boutique, construída em uma antiga propriedade frutícola dos anos 1940. Neste jovem empreendimento familiar, nota-se o cuidado em tudo: nos jardins, na pintura dos edifícios, nos uniformes dos funcionários e, principalmente, nos vinhos. Os três vinhedos são divididos em microparcelas de meio hectare cada. Colheita manual, maceração prolongada e fermentação em tanques pequenos: tudo para tornar os vinhos únicos.

Além de visitar a bodega, você poderá conhecer uma bela exposição de motos e carros antigos. A degustação é conduzida no próprio restaurante, no qual recomendo fortemente o almoço: serviço perfeito, vinhos excepcionais e ótima carne. Há bastante procura e por isso sugiro reservar com muita antecedência. Sério.

Vale conferir:

- B1. Um Tannat surpreendente, proveniente de árvores com 15 anos de idade do vinhedo de Las Violetas, mais a leste. Embalsamado em barricas francesas por 16 meses e engarrafado sem filtrar.
- Monte Vide Eu, assemblage de Tannat, Merlot e Tempranillo. Um clássico que homenageia a capital do país. "Uma complexa mistura de imigrantes ansiosos por liberdade e prosperidade", como indica o contrarrótulo. Frutas vermelhas maduras e grande volume de boca, com madeira tostada ao fundo.

CARRAU

www.bodegascarrau.com

FUNDAÇÃO *1976* **ÁREA PLANTADA** *100 ha* **PRODUÇÃO ANUAL** *1,5 milhões de garrafas*

END. *Cesar Mayo Gutierrez, 2556, Colón - Montevideo*
GPS *34°47'15.0"S 56°13'26.3"W*
GOOGLE *-34.78751, -56.22398*
DISTÂNCIA DO CENTRO DE MONTEVIDEO *16 km*
VISITAS *visitas@bodegascarrau.com*
TEL. *(598) 2320-0238 ramal 106*
FUNCIONAMENTO *segunda à sexta, das 8 às 17h. Tours às 10:30 e 14:30h*

A própria história do vinho uruguaio

"Aqui é tudo sobre vinho. Não temos cavalos e outras distrações", já avisa na chegada Margarita Carrau, que faz qualquer visitante se sentir em casa nos primeiros cinco minutos. Percorrendo vinhedos e caves antigas, muitas histórias e conhecimento fazem da Carrau uma visita obrigatória para conhecer o vinho uruguaio e suas origens.

A vitivinicultura uruguaia moderna deve muito a esta família de origem catalã que criou e mantém o Centro de Capacitação em Vinhos, que serve tanto para pesquisas como para desenvolver as habilidades de funcionários e enófilos mais sérios.

A vinícola tem uma extensa linha de vinhos, com ícones como o Castel Pujol e sua garrafa emblemática, preferência nacional das parrilas no verão; e o AMAT, um dos mais prestigiados vinhos uruguaios. As degustações podem ser realizadas em uma sala específica ou em frente à enoteca, onde vinhos com mais de vinte anos podem ser degustados e comprados.

Além da Bodega de Colón, a empresa possui dois empreendimentos na fronteira com o Brasil. A vinícola de Cerro Chapeu, inaugurada em 1998, foi o primeiro projeto a usar a gravidade na América do Sul. Seus vinhedos estão tanto do lado uruguaio (Rivera), como do lado brasileiro, em Santana do Livramento. O outro projeto é de uma vinícola garagem, com produção de apenas 30 mil garrafas anuais.

Vale conferir:

- *1752, o primeiro Gran Reserva uruguaio, lançado em 1988, corte de Tannat, Cabernet Sauvignon e Cabernet Franc. Tenho três em minhas adegas. Precisa falar mais?*
- *Vivent de Tannat. Elaborado a partir de vinhedos de mais de 30 anos localizados em Cerro Chapeu. Este fortificado é equilibradíssimo, nem tão alcóolico, nem tão doce. Frutos cítricos e algum tabaco em meio a tantas outras sensações. Põe na mala!*
- *1752. A Petit Manseng adormece por 10 meses em carvalho novo ninada por leveduras nativas. A Sauvignon Gris e seus cítricos transformam este vinho em puro néctar dourado, profundo, redondo e seco, apesar da sensação de dulçor da Petit Manseng. Melhor branco do Uruguai. Memorável!*

CASTILLO VIEJO

www.castilloviejo.com

FUNDAÇÃO *1927* **ÁREA PLANTADA** *90 ha* **PRODUÇÃO ANUAL** *1,3 milhões de garrafas*

END. *Ruta 68, km 24, Las Piedras -Canelones*
GPS *34°42'17.8"S 56°10'44.4"W*
GOOGLE *-34.704932, -56.179005*
DISTÂNCIA DE MONTEVIDEO *23,5 km*
VISITAS *turismo@castilloviejo.com*
TEL. *(598) 2368-9606*
FUNCIONAMENTO *segunda à sexta, das 9 às 16h; sábado, das 9 às 14h*

Seguindo o caminho da uva

A terceira geração da família opera a vinícola fundada pelo bisavô que veio dos Pirineus atrás de sonhos maiores. A visita segue o caminho da uva, desde sua chegada (os vinhedos estão a 70 km e, por isso, não são visitados) até o engarrafamento. Como os visitantes são recebidos por um dos enólogos, cada etapa é explicada no detalhe. O prédio de mais de oitenta anos abriga desde tanques de concreto a equipamentos modernos.

A sugestão é conhecer rapidamente as instalações e optar pela degustação premium com almoço, pois sai mais em conta. A conversa será acompanhada pelo asado criollo ou por massas caseiras, harmonizados pelos vinhos da casa.

O desafio dos enólogos é "captar" o público acostumado aos vinhos de mesa, através de vinhos finos estruturados, mas fáceis de beber. O crescimento consistente da produção de vinhos finos em substituição aos de mesa comprova o sucesso da vinícola.

Vale conferir:

- *Na linha Vieja Parcela, o destaque fica por conta do delicioso e untuoso Cabernet Franc, com uvas provenientes de um vinhedo com mais 60 anos. Um raro exemplar desta cepa nesta zona do país.*
- *A linha CataMayor é a mais conhecida do público, e dispõe desde vinhos varietais mais frutados até espécimes de alta gama, como os fantásticos Grand Vin Tannat/Tempranillo e Grand Tannat.*
- *El Preciado é um vinho muito estruturado, daqueles que se sente o peso na boca. Os aromas são sentidos no paladar de forma cristalina. Para comprar e abrir após dez anos de descanso.*

ESTABLECIMIENTO JUANICÓ / FAMILIA DEICAS

www.juanico.com / www.familiadeicas.com

FUNDAÇÃO *1979* **ÁREA PLANTADA** *380 ha* **PRODUÇÃO ANUAL** *8 milhões de garrafas*

END. *Establecimiento Juanicó s/c, Juanicó - Canelones*
GPS *34°35'15.1"S 56°14'59.6"W*
GOOGLE *-34.587525, -56.249893*
DISTÂNCIA DO CENTRO DE MONTEVIDEO *37 km*
VISITAS *visita@juanico.com*
TEL. *(598) 9484-7482 ou reserve pelo site*
FUNCIONAMENTO *segunda a sábado, tours às 13 e 15h; domingo, tours às 10, 12 e 14h.*

"Três Gerações"

Em 1979, Juan Carlos Deicas funda a vinícola, aproveitando a propriedade onde Francisco Juanicó, em 1830, construiu uma cava hoje declarada monumento nacional. Referência para arquitetos e engenheiros, seu projeto garante ventilação natural aproveitando-se do vento norte sul e mantém a temperatura constante durante todo o ano.

Principal vinícola do país, elabora a linha Don Pascual, uma homenagem à Pascual Arriague, pai da viticultura uruguaia. Dispõe de 28 rótulos, destacando-se: Marselan, Brut Blanc de Blancs (Sauvignon Blanc e Sauvignon Gris) e o Tannat Crianza Roble, considerado um ícone no país, lançado em 1996.

Aberta ao enoturismo desde 1995, encara cada visita como um evento. O tour Puro Caracter é destinado aos vinhos da linha Don Pascual, durante a qual você poderá escolher uma garrafa do museu da família. Prove um Tannat de mais de dez anos e sinta o potencial desta uva fantástica! O tour Premium Select oferece os vinhos Familia Deicas, que encantam os mais exigentes enófilos. As duas opções acompanham seleção de queijos e frios e podem ser enriquecidas com almoço harmonizado de 3 e 5 passos.

Vale conferir:

- *Don Pascual Selección del Enólogo. Elaborado a partir das melhores barricas, onde vinho passa mais de 16 meses, sendo degustadas uma a uma pelo enólogo. Assemblage de Cabernet Sauvignon, Merlot e Tannat. Muito equilibrado, com taninos redondos e presentes. Final longo.*
- *Em 2010, nasce a vinícola premium Familia Deicas, destinada aos vinhos mais especiais da casa. Dentre eles, destacam-se Preludio, força e fruta; Botrytis Noble, corte de quatro brancas, um autêntico Sauternes, e a linha Atlántico Sur, composta por Single Vineyards. Prove o Garzón.*

FILGUEIRA

www.bodegafilgueira.com

FUNDAÇÃO *1919* **ÁREA PLANTADA** *30 ha* **PRODUÇÃO ANUAL** *300 mil garrafas*

END. *Ruta 81, km 6.500, Cuchilla Verde - Canelones*
GPS *34°26'04.7"S 56°19'08.1"W*
GOOGLE *-34.43464, -56.31892*
DISTÂNCIA DO CENTRO DE MONTEVIDEO *62 km*
VISITAS *visitas@bodegafilgueira.com ou pelo website*
TEL. *(598) 9131-7737*
FUNCIONAMENTO *a combinar*

A melhor visita técnica

Aposto que alguns leitores já pensaram (ou ainda pensam) em comprar um vinhedo e produzir vinho. Se este é o seu caso, faça esta visita. Conduzida pela enóloga e sommelière Alejandra, você aprenderá tudo sobre preparação do solo, drenagem, Phyloxera, enxertia, genética, sistema de condução, poda, maturação e colheita, efeitos do terroir nas uvas, rendimento por hectare e muito mais. Tudo em uma linguagem amena e fácil de entender. Nada chato. A visita correu de forma fluída e o grupo passou bons momentos, terminando com um almoço típico uruguaio (uma das opções oferecidas pela vinícola).

Assim como muitas outras, a vinícola reconverteu seus vinhedos em meados da década de 1990 focando a produção de vinhos finos. Só utiliza uvas próprias. Desde 2011 a vinícola pertence à família Necchini, de São Paulo, que lançou três vinhos ultra premium recentemente (ainda não estavam prontos quando da visita): Guiseppe (100% Tannat), Famiglia Necchini (Tannat, Cabernet Sauvignon e Cabernet Franc) e Giuditta, um Chardonnay com dois anos de madeira.

Outra curiosidade é que a Filgueira foi a primeira vinícola na América do Sul a plantar Sauvignon Gris, dando origem a dois vinhos.

Vale conferir:

- *A Sauvignon Gris é a uva emblema da casa. O Reserva passa 12 meses em carvalho. Delicioso.*
- *Tannat Reserva. Distinto do que se espera de um típico Tannat Reserva. Apesar dos 18 meses de madeira, muita fruta e elegante. Incríveis 12,5° apenas. Apresenta também uma Edição Exclusiva, elaborada a partir das melhores barricas da safra.*

H. STAGNARI

www.stagnari.com

FUNDAÇÃO *2000* **ÁREA PLANTADA** *75 ha* **PRODUÇÃO ANUAL** *650 mil garrafas*

END. *Ruta 5, km 20, La Puebla - Canelones*
GPS *34°44'32.1"S 56°16'14.8"W*
GOOGLE *-34.742259, -56.270789*
DISTÂNCIA DE MONTEVIDEO *25,3 kmm*
VISITAS *franco@stagnari.com*
TEL. *(598) 2362-2940*
FUNCIONAMENTO *a combinar*

"Aquí sólo hacemos vino"

Héctor Stagnari produz vinhos de autor. Não foi bem entendido pelo pai, produtor tradicional de vinho de mesa, e preferiu montar sua própria vinícola. Só usa leveduras nativas, macera uvas com os cachos e dá preferência quase que total ao carvalho francês, oposto da maioria das vinícolas que usam o americano para amansar mais facilmente a irrequieta Tannat.

Não esperes instalações maravilhosas, mas provarás vinhos espetaculares. E a linha é ampla: não há vinícola no Uruguai onde se prove tantos vinhos bons e com tamanha variedade de brancos, tintos e espumantes. Os vinhedos avistados ao degustar são de brancas -Viognier, Chardonnay e Gewürztraminer. As tintas são cultivadas em Salto, a 500 km, região de alta amplitude térmica no verão.

Os visitantes são recebidos por alguém da família e a visita pode ser bem técnica, dependendo do nível de perguntas. A partir de dois casais, já se pode conhecer o labirinto de vinhedos, que garante um prêmio àquele que sair primeiro. A vinícola ainda dispõe de um salão com vista para os vinhedos, onde asados são preparados para grupos, mesmo no inverno.

Vale conferir:

- *Viognier Premier. Diferente. Floral, aromas a pêssego e maracujá.*
- *Chardonnay de Virginia. Tem três diferenciais. O primeiro é que o líquido passa 12 horas a fermentar com as cascas. O segundo, é que todas as safras têm que sair perfeitas, pois o rótulo leva o nome da esposa do enólogo. O terceiro é um enigma. Tente desvendar.*
- *Gran Guarda. Assemblage perfeita entre Tannat e Cabernet Sauvignon. Excelente! Um Vinhaço! Dê a você este presente.*
- *O Dinastía foi o primeiro vinho uruguaio que provei na vida. Fico feliz de finalmente ter conhecido o nascedouro desta maravilha embalsamada em 12 meses de carvalho francês.*

MARICHAL

www.marichalwines.com

FUNDAÇÃO *1910* **ÁREA PLANTADA** *50 ha* **PRODUÇÃO ANUAL** *180 mil garrafas*

END. *Ruta 64, km 48,5, Etchevarría – Canelones. Acesso pela Ruta 5, km 39*
GPS *34°33'15.2"S 56°19'02.0"W*
GOOGLE *-34.554231, -56.317236*
DISTÂNCIA DO CENTRO DE MONTEVIDEO *52,5 km*
VISITAS *Preencher formulário no site*
TEL. *(598) 4332-1949*
FUNCIONAMENTO *segunda à sexta, das 10 às 16h; sábado até as 12h*

História de família

Uma visita sem pressa, conhecendo o vinhedo e as instalações de 1938, onde vivia a família. Hoje a quarta geração – que conta com três enólogos – cuida da vinícola. Parte da família, originária das Ilhas Canárias, ainda vive na propriedade.

Muito cuidadosos, os "Marichais" só utilizam uvas próprias, todas colhidas manualmente. Seus vinhos serão sempre interessantes, pois cada garrafa reflete o estágio em barrica francesa, americana e em inox, que garante a presença da fruta. A Tannat aqui já foi domada há tempos. O segredo, segundo a vinícola, "maduración, maceración y madera".

Os vinhos são muito bons; alguns, de rara estirpe, como o Reserve Collection, um assemblage de extremos, mesclando 70% de Pinot Noir com 30% de Tannat. Criação do enólogo Andrés Marichal, se apresentou muito delicado na entrada. Muita fruta. Corpo médio.

Outro espécime singular, que reúne sob a mesma rolha frutas vermelhas, abacaxi e um toque de baunilha, é o Pinot Noir Blanc de Noir e Chardonnay. Sim, está escrito certo. Um assemblage típico de Champagne, com tinta e branca, mas que dá origem a um vinho tranquilo, e não a um espumante. Parcialmente fermentado em barrica. Muito gastronômico e versátil.

Vale conferir:

- *"A". Um Grand Reserve autêntico. Se você quer comprar um vinho emblemático da cepa Tannat para presentear um amigo, este é o vinho. São produzidas em torno de 2 mil garrafas e apenas em safras especiais. 18 meses de barricas francesas e americanas novas sugerem uma longa guarda e decantar antes de servir. Acidez e taninos equilibrados. Garrafas numeradas. Espetacular!*
- *A vinícola dispõe de safras antigas para venda e degustação.*

PISANO

www.pisanowines.com

FUNDAÇÃO *1924* **ÁREA PLANTADA** *30 ha* **PRODUÇÃO ANUAL** *300 mil garrafas*

END. *Ruta 68, km 29, Progreso - Canelones*
GPS *34°40'32.9"S 56°12'25.0"W*
GOOGLE *-34.67581, -56.20695*
DISTÂNCIA DE MONTEVIDEO *18 km*
VISITAS *pisano.exports@pisanowines.com*
TEL. *(598) 2368-9077*
FUNCIONAMENTO *segunda à sexta, a combinar.*

Os alfaiates do vinho

A visita é sob medida, visceral, espontânea...a química entre você e os Pisano determinará o que virá pela frente. Toda a família vive na pequena propriedade. "Não temos um produto turístico", comenta Daniel. "Mostramos o que somos". Como não há um staff dedicado, é bom ligar e checar a disponibilidade de alguém da família.

Para quem gosta de beber e falar de vinho, este é o lugar! Vinhos versáteis, que já estão prontos quando a garrafa é aberta, mas que podem durar 20 anos. O carvalho aqui é todo francês, mais precisamente da Borgonha, pois é mais delicado e não "marca" o vinho. Essa é a filosofia dos Pisano: elaborar vinhos elementares, que possam expressar sua identidade, combinação de terroir e fruta. A madeira entra apenas como uma ferramenta para ajudar a mesclar o oxigênio ao longo do tempo.

A produção por hectare é controlada e o vinhedo é 99% orgânico, isto é, só falta a papelada. A linha RPF – Reserva Personal de la Familia – é o emblema da casa. A primeira safra foi lançada em 1994 por insistência dos visitantes, que sempre queriam comprar o vinho da família.

Para quem é fã da Torrontés, a Pisano é a única do país a produzir um varietal da casta argentina.

Vale conferir:

- *Rio de los Pájaros Pinot Noir. Não é um Borgonha, mas não decepciona! Madurez do novo mundo com a acidez do velho mundo. "Foi pra mala".*
- *RPF Petit Verdot. Talvez o melhor varietal desta cepa da América do Sul.*
- *Arretxea. O ícone da vinícola e primeiro vinho uruguaio em homenagem a uma mulher. No caso, à mãe dos irmãos Pisano, de origem basca. Tannat, Cabernet Sauvignon e Merlot.*
- *Etxe Oneko. Um licoroso de Tannat de vinhas com mais de 60 anos. Um elixir de aromas e nuances. Rivaliza com grandes Portos.*

PIZZORNO

www.pizzornowines.com

FUNDAÇÃO *1910* **ÁREA PLANTADA** *21 ha* **PRODUÇÃO ANUAL** *150 mil garrafas*

END. *Ruta 32, km 23, Canelón Chico - Canelones*
GPS *34°42'54.8"S 56°10'06.1"W*
GOOGLE *-34.71521, -56.16835*
DISTÂNCIA DO CENTRO DE MONTEVIDEO *23 km*
VISITAS *visitas@pizzornowines.com*
TEL. *(598) 2368-9601*
FUNCIONAMENTO *segunda a sábado, a combinar*

Viticultura de Calidad

Carlos é um enólogo dedicado e prima pela qualidade de seus vinhos, cada vez mais reconhecidos. Mas não foi sempre assim. Terceira geração da família Pizzorno e desde 1983 à frente da enologia, passou dois meses na Europa visitando vinhedos em 1988 e reviu totalmente a filosofia da vinícola, antes focada nos vinhos de mesa. Substituiu todo o vinhedo e em dez anos já exportava para a Europa.

"O vinho de qualidade é o resultado de muitos pequenos esforços", ensina Carlos enquanto visitávamos o vinhedo. Só utiliza uvas próprias e cada parcela é vinificada individualmente. Como bom enólogo, faz questão que os visitantes saiam contentes, mas com conhecimento sobre o vinho. O tour percorre todas as instalações e termina com a degustação que você escolher: clásica, premium ou expertos.

Francisco, filho, dedicado ao enoturismo e às exportações, recebe os visitantes com muita empolgação. Para quem quiser aproveitar o dia desde cedo, a vinícola serve café da manhã seguido de visita e degustação.

Vale conferir:

- *Tannat Maceración Carbónica. "Um Beaujolais". Diferente.*
- *Espumoso Reserva. Um Brut Nature com acidez gentil e bem frutado.*
- *Sauvignon Blanc Pizzorno. Primoroso. 30% fermentado em barricas francesas novas. Aromático e persistente. Um dos melhores que já provei.*
- *Select Blend. "Larguísimo". Perfeita harmonização entre fruta e madeira.*

VARELA ZARRANZ

www.varelazarranz.com

FUNDAÇÃO *1933* **ÁREA PLANTADA** *68 ha* **PRODUÇÃO ANUAL** *200 mil garrafas*

END. *Ruta 74, km 29, Joaquín Suárez - Canelones*
GPS *34°43'33.7"S 56°02'35.6"W*
GOOGLE *-34.726017, -56.043216*
DISTÂNCIA DO CENTRO DE MONTEVIDEO *28 km*
VISITAS *info@varelazarranz.com*
TEL. *(598) 2364-4587, 2364-3469, 9831-262*
FUNCIONAMENTO *diariamente, a partir das 10h*

Brancos, Rosados e Espumosos

As terras foram adquiridas em 1888 por um diplomata que se enamorou pelo vinho após viver na Europa. Comprou maquinário e começou a produzir como hobby. Usava a casa para reunir amigos e políticos aos fins de semana. Em 1933, vendeu à família Varela Zarranz, que à época só vendia uva às vinícolas. Neste mesmo ano foi fundada a famosa Cooperativa Viticultores Unidos del Uruguay – VUDU – tradicional produtora de vinhos de mesa, ainda sob os cuidados da família.

O sistema de condução é a lira aberta que expõe as uvas ao sol por quatro ângulos diferentes. Nas linhas superiores, os vinhos fermentam longamente, por mais de um mês às vezes. Mas é na linha Clásica e nos espumantes que a vinícola se destaca. O Extra Brut María Zarranz já foi eleito várias vezes o melhor do país.

A propriedade é muito bonita, repleta de oliveiras e árvores que formam um belo parque. A degustação é feita na cave, onde são servidos almoços e realizadas outras atividades com os visitantes. Confira os preços... vale a pena almoçar.

Vale conferir:

- *A Linha Clásica surpreendeu! No Cabernet Sauvignon Rosé, framboesa e morango disputam a atenção de quem degusta. O Petit Grain Muscat é fresco, leve e aromático. "É abrir a garrafa e o sol sair". Excelente para o verão.*
- *Guidaí Detí. Homenagem aos antigos habitantes do Uruguai. Na língua charrúa, significa três luas. Tannat, Cabernet Sauvignon e Cabernet Franc se encontram para formar o ícone da vinícola. Elegante e persistente.*

RÍO – COLONIA E CARMELO

Conhecida como Paraty do Uruguai, Colonia del Sacramento, palco de batalhas entre portugueses e espanhóis durante cem anos, hoje é disputada pelos casais apaixonados e por aqueles que buscam descanso e cultura, mas tudo com muita calma.

Menos é mais. Um dos grandes atrativos da cidade é ser pequena, podendo ser descoberta a pé. Dois dias serão suficientes para visitar os oito museus e curtir ao menos duas vezes o por do sol em pontos distintos. À noite, o programa é deixar os lampiões guiarem a caminhada até o restaurante da vez.

Além do seu encantador bairro histórico repleto de restaurantes, cafés e pousadas, a cidade possui uma rambla para caminhar e observar Buenos Aires de longe, a oitenta quilômetros ou uma hora em barco desde Puerto Madero. Um programa obrigatório para quem chega à cidade é conhecer o Centro de Bienvenida, Interpretación y Turismo (BIT), situado à Rua Odriozola, 434, esquina com Alberto Méndez - aberto diariamente das 10 às 18h. Dispõe de infraestrutura completa para os visitantes, com escritório turismo, agência de viagem e loja de objetos de design. Os atendentes, além de simpáticos, são preparados e querem ajudar os visitantes a desfrutar o melhor da região. Não deixe de assistir ao vídeo sobre o país e a cidade com projeção múltipla nas paredes do espaço. Maravilhoso.

BERNARDI
FAMILIA IRURTIA
LOS CERROS DE SAN JUAN
NARBONA

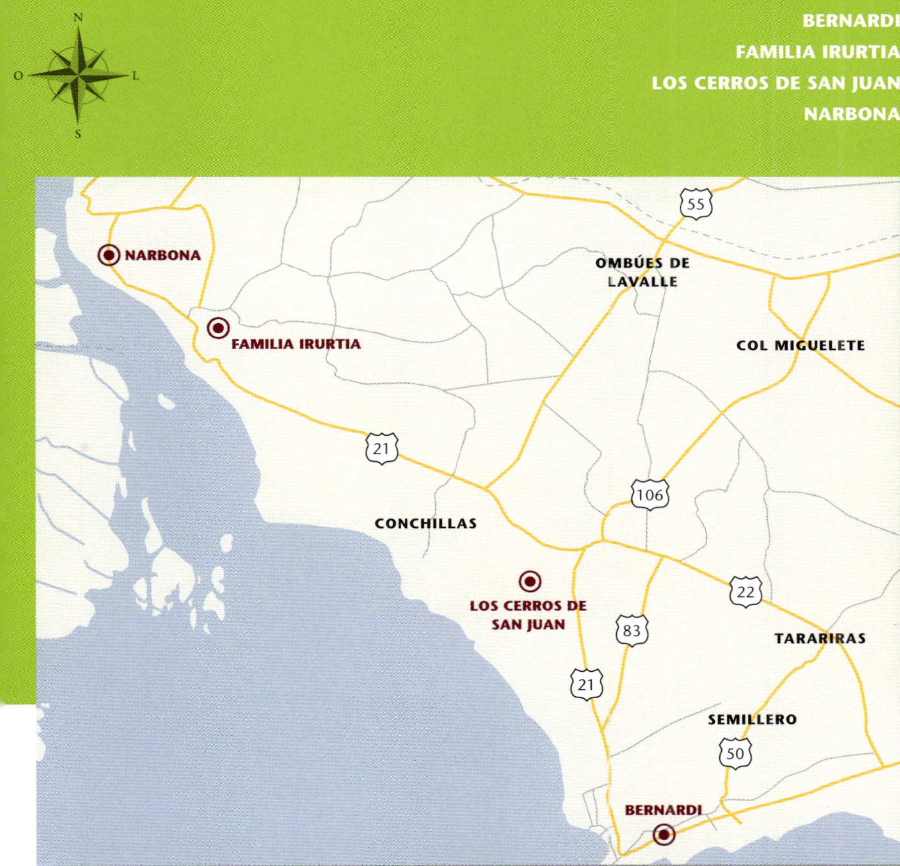

Após descansar em Colonia, o próximo destino é Carmelo, berço do vinho uruguaio. E de ótimos queijos, azeites e geleias. Aqui a programação principal é visitar todas as vinícolas sugeridas nos roteiros de vinho por um dia. Mas há passeios interessantes como conhecer a foz do Rio Paraná ou alugar um caiaque para aventurar-se no Rio da Prata.

O Departamento de Colonia é o terceiro maior em produção vinícola, representando 4% do total do país, com pouco mais de 500 hectares de vinhas. Na última década, a produção caiu 30%, mas a qualidade aumentou. O vinho tinto responde por 85% do volume, sendo Tannat, Moscatel de Hamburgo e Merlot as variedades mais plantadas. Na sequência vêm as irmãs Cabernet e a Nebbiolo. Dentre as brancas, a Ugni Blanc domina a cena, seguida à distância por Riesling e Sauvignon Blanc.

VINHO POR UM DIA

41 TINTOMANÍACOS

Na Familia Irurtia vale a pena provar o Tannat nas versões varietal, Reserva e Gran Reserva, este com 18 meses de carvalho. A Narbona produz o Luz de Luna, um corte de Tannat de três safras. O Blend (uvas não divulgadas) também é maravilhoso. Cor profunda e taninos grandes, mas gentis. O Tannat Roble passa um ano em carvalho francês novo... vinhaço!

SUGESTÃO DE ROTEIRO: Familia Irurtia pela manhã. Almoço e visita na Narbona.

42 WHITELOVERS

Na Familia Irurtia prove o Viognier Gran Reserva e a versão Reserva. Produzem também um late harvest de Gewürztraminer interessante. Los Cerros de San Juan produzem Riesling, Chardonnay e Sauvignon Blanc.

SUGESTÃO DE ROTEIRO: Familia Irurtia pela manhã. Almoço no Morgan, dentro do Yatch Club de Carmelo. Los Cerros de San Juan voltando para Colonia. Por do sol no Refugio Churana.

43 GRAPPA

A grappa nada mais é do que aguardente de uva, produzida pelos quatro cantos do mundo. Mas na Narbona, além da grappa tradicional, é produzida uma versão com mel da região. O resultado é um néctar dos deuses, com apenas 23,4% de álcool, e não os 40 graus que flambam a garganta. É provar e comprar. Na Bernardi, a grappa é a estrela. São cinco diferentes versões: adocicadas, aromáticas, picantes, frutadas.

SUGESTÃO DE ROTEIRO: Narbona pela manhã com almoço. Bernardi fechando o dia.

44 HISTÓRICO

Los Cerros de San Juan, fundada em 1854, é a mais antiga vinícola do país em funcionamento. Há muitas safras antigas guardadas mas, infelizmente, apenas como registro histórico, pois os vinhos não estão em condições de consumo. A Familia Irurtia também já ultrapassou os cem anos de idade. Ambas as visitas contam muito das origens do vinho uruguaio.

SUGESTÃO DE ROTEIRO: Familia Irurtia pela manhã. Picada de queijos, pães e frios no Almacén de la Capilla, instalado na Bodega Cordano, de 1855. Los Cerros de San Juan na volta para Colonia.

45 "FORA DO GUIA"

Em Carmelo, visite a Campo Tinto e a El Legado.

SUGESTÃO DE ROTEIRO: Almoço na pousada Campo Tinto e visita na El Legado

ONDE COMER E FICAR

COMER

DENTRO DAS VINÍCOLAS

Narbona (cozinha uruguaia). *Vinícola Narbona. Ruta 21, Km 268 - Carmelo. Tel.: (598) 4540-4778. Diariamente, café da manhã, almoço e jantar.*
Clima de armazém de campo. Não deixe de provar os queijos da casa e de pedir uma bela carne como principal, acompanhada do Tannat Luz de Luna, um dos melhores do guia.

Campo Tinto (cozinha italiana e de campo). *Camino de los Pelegrinos, s/n – Carmelo. Tel.: (598) 4542-7744. Diariamente, das 12:30 às 15:30h e das 20:30 às 23:30h.*
A pousada mantém um charmoso restaurante com menu "curto", mas comida muito boa (ainda lembro da empanada...). Verduras da horta orgânica da propriedade. Os vinhos têm personalidade forte e sugerem uma carne à altura. Serviço muito atencioso.

Almacén de la Capilla (queijos e frios). *Camino de los Pelegrinos, s/n – Carmelo. Tel.: (598) 4542-7316. Todos os dias, de 11 às 18h.*
Diego e esposa preparam tábuas de queijos e frios enormes que valem uma refeição, acompanhadas pelos vinhos da vinícola. No armazém é possível comprar também doces caseiros, azeite e outros produtos da região.

FORA DAS VINÍCOLAS

Charco ♥ (bistrô). *San Pedro, 116 – Colonia. Tel.: (598) 4523-5000. Diariamente, das 8 às 23h.*
É o jantar mais disputado de Colonia. Ambiente clean, seguindo a linha do hotel. Exclusivo. A salada de aspargos, ovo mole e prosciutto é divina. A carta de vinho privilegia os rótulos da região.

Refugio Churana ♥ (bistrô). *Misiones de los Tapes, 41, Barrio Histórico – Colonia. Tel.: (598) 4523-5403. Quarta a domingo, das 12h à meia-noite.*

ONDE COMER E FICAR

Design, gastronomia e a vista mais linda do Rio da Prata. Se puder, chegue para o por do sol. Agarre uns drinks e vai ficando. O atum vermelho é sensacional, bem como as saladas. Para voltar algum dia.

La Florida* Ⓡ *(bistrô). *Odriozola, 215, Barrio Histórico - Colonia. Tel.: (598) 09429-3036. De 12:30 às 15:30h. Jantar somente sábado, a partir das 20:30h.*
Mais uma boa opção no centro histórico. A casa tem vários ambientes e decoração retrô. Cordero con papas, saladas, risoto de funghi e o raviolón negro. Não aceita cartão.

Parrillada El Portón (parrilla). *General Flores, 333 – Colonia. Tel.: (598) 4522-5318. Terça a domngo, das 12h às 16h.*
É a parrilla da cidade. Carne, arroz, batata frita sequinha e salada. Atendimento eficiente e preço bom. O que mais pedir depois de uma longa viagem?

La Bodeguita (pizza). *Del Comercio, 167, Barrio Histórico – Colonia. Tel.: (598) 4522-5329. Terça a domingo, das 20h à meia-noite; sábado e domingo, de 12:30 às 15:30h.*
O por do sol é a maior atração. Comece com alguns drinks e depois peça a pizza, que vem servida em tábuas de madeira. Surpreendeu.

Morgan* Ⓡ *(cervejaria). *Rodo, s/n, Yatch Club de Carmelo – Carmelo. Tel.: (598) 4542-2506. Quarta a domingo, das 12 às 15h e das 20 às 2h; segunda, das 12 às 15h.*
É um "porto de comidas" mesmo. Cerveja artesanal, picadas e sanduíches. O peixe é fresco e a vista é grátis.

Fangò Restobarro* Ⓡ *(cozinha mediterrânea). *Regino Aguirre, s/n – Carmelo. Tel.: (598) 9954-591. No verão, de quinta a domingo a partir das 21h.*
"Todo de barro". Para desfrutar o entorno, melhor optar pelo almoço. Comida saudável e gourmet. Serviço mais do que atencioso. Todos os pratos são explicados com carinho.

Lo'Korrea (comida de campo). *Ana María Carpy, Progenie D'Italia, - Colonia Estrella. Tel.: (598) 4542-6583. Sábado e domingo, das 11:30 às 15h.*
Para aqueles que querem comer muito e pagar muito pouco, este é o lugar! A casa adota o sistema tenedor libre (garfo livre). Matambre com salada russa, ravioli, carne, frango e salada. Vinho e refrigerante incluídos no preço. Por isso está sempre cheio.

FICAR

DENTRO DAS VINÍCOLAS

Narbona Wine Lodge ♥. *Ruta 21, km 268 – Carmelo. Tel.: (598) 4540-4778.*
Apenas cinco suítes – a menor delas com 78m². Decoração clean e muita comodidade. Visita à bodega, restaurante, praia privada, bicicleta pelos vinhedos, queijos e vinhos, cavalgada, elaboração de grappa, enólogo por um dia, passeios pelo rio, praia particular. Pertence à rede Relais & Châteaux

Posada Campotinto R. *Camino de los peregrinos, s/n. Tel.: (598) 4542-7744.*
Pode ser sua base para conhecer as vinícolas da região sem a preocupação de dirigir longas distâncias. Jantar harmonizado com os vinhos da casa, obviamente.

FORA DAS VINÍCOLAS

Costa Colonia Riverside Boutique Hotel ♥. *Rambla Costanera – Colonia. Tel.: (598) 4522-3097.*
Puro charme e design em frente ao Rio da Prata. Piscina interior e exterior. Amplas e confortáveis suítes.

ONDE COMER E FICAR

Colonia Suite Bed & Breakfast **♡**. *Lavalleja, 169 – Colonia. Tel.: (598) 9861-8966.*
Perto de tudo. As suítes são enormes. Decoração despojada.

Charco **Ⓡ**. *San Pedro, 116, Barrio Histórico. Tel.: (598) 4523-5000.*
Apenas oito suítes em estilo colonial, acompanhando as características do bairro. Serviço 24 horas e o melhor restaurante da cidade.

Unique Spa Hotel La Réserve **Ⓡ**. *Juan Manuel Blanes, 104. Tel.: (598) 4522-6280*
Seu spa na cidade. Mas Spa aqui quer dizer saúde mesmo: tratamentos, academia, exercícios, bem-estar, acompanhamento médico etc.

Los Muelles Boutique Hotel **Ⓡ**. *Wilson Ferreira, 209. Tel.: (598) 4542-5485.*
Bem localizado, perto da praia e das atrações da cidade. Bom atendimento. Quanto mais alta a suíte, mais bonita a vista do rio...mas é preciso subir as escadas.

Casa Chic Carmelo – Club de Campo. *Calle Límite e Colonia Belgrano y Km 1 del Río de la Plata. Tel.: (598) 4540-4030, 4033, 4034.*
O conceito é promover o encontro dos hóspedes com o meio ambiente de forma harmoniosa, utilizando as sofisticadas comodidades do hotel. Para descansar.

AH'LO Posada Hostel Boutique. *Treinta y Tres 270 entre Zorrilla de San Martín e Carmen. Tel.: (598) 4542-0757.*
Super bem localizado, no centro da cidade, este hostel é a melhor opção para quem não deseja gastar muito e conhecer outros viajantes. Cozinha comum, lounge, bar.

Posada Plaza Mayor. *Del Comercio, 111, Barrio Histórico. Tel.: (598) 4522-32193.*
Muito aconchegante e localizada no coração do bairro histórico perto de todos os restaurantes e museus. 17 suítes. Decoração colonial, com muita pedra e verde.

Posada Boutique Las Terrazas. *Manuel Lobo, 281. Tel.: (598) 4522-4776.*
Excepcional localização e bom atendimento fazem desta uma das opções preferidas da cidade. Piscina aquecida externa.

Hotel La Misión. *Misiones de los Tapes, 171, em frente Plaza Mayor, Barrio Histórico. Tel.: (598) 4522-6767.*
Construído em um casarão espanhol do século XVIII com muitas de suas partes originais preservadas, como o pátio interior. Aqui você vai se sentir fazendo parte da história da cidade. Excelente café da manhã.

Hotel Posada del Virrey. *España, 217. Tel.: (598) 4522-2223.*
O casarão antigo dispõe de 13 confortáveis suítes com decoração colonial. Próximo da rodoviária, da praia, de tudo. Aconchegante e atendimento hospitaleiro.

BERNARDI

www.bodegabernardi.com

FUNDAÇÃO *1892* ÁREA PLANTADA *10 ha* PRODUÇÃO ANUAL *400 mil garrafas*

END. *Ruta 1, km 171,500, Laguna de los Patos – Colónia del Sacramento*
GPS *34°26'49.0"S 57°47'20.3"W*
GOOGLE *-34.44694, -57.78898*
DISTÂNCIA DO CENTRO DE COLONIA DEL SACRAMENTO *5 km*
VISITAS *info@bodegabernardi.com*
TEL. *(598) 4522-4752*
FUNCIONAMENTO *inverno, segunda a sábado, das 9 às 12h e das 14 às 17:30h; verão, da 9 às 12h e das 15 às 19h*

O Rei da Grappa

Para quem vai de Montevideo a Colonia, a Bernardi é parada obrigatória antes de chegar à cidade. A bodega fica na beira da estrada e foi fundada pelos bisavós suíços do (Rei) Roberto Carlos, proprietário e guia oficial. Apesar de insistir que é suíço, o jeito caloroso e alegre denuncia o sangue italiano materno. Se não conseguir agendar a visita, toque a campainha, pois o "Rei" mora ao lado.

A vinícola só usa tanques de concreto e só elabora vinhos correntes, "para vender e beber rápido", segundo Roberto Carlos. Também provamos um frisante, elaborado com uva Isabela. A grande atração, porém, são as grappas. Isso mesmo, no plural, pois não existe apenas um tipo. A grappa Tannat Bernardi foi a primeira elaborada com a uva emblema do Uruguai. Ainda bem que a vinícola é bem perto da cidade, pois para conseguir detectar os aromas de todas as variedades, é preciso provar várias vezes.

As etiquetas foram desenhadas pelo artista plástico Jorge Carbajal, que possui uma galeria em Colonia. Ficam mais interessantes a cada dose.

Vale conferir:

- *Doce, forte, seco, suave, sem e com carvalho. De Tannat, de Merlot, de Cabernet e de Moscatel. Prove todas! Combinam com chocolate amargo, com café. Pergunte ao Rei. Os aromas são escondidos pelo álcool, sempre ao redor dos 40 garus.*
- *As grappas são ideais para flambar pratos. Experimente.*
- *Visita e degustação gratuitas. Não há como sair sem comprar alguma.*

FAMILIA IRURTIA

www.irurtia.com.uy

FUNDAÇÃO *1913* **ÁREA PLANTADA** *220 ha* **PRODUÇÃO ANUAL** *100 mil garrafas*

END. *Ruta 97, km 2.300, Cerro Carmelo - Carmelo*
GPS *33°59'22.1"S 58°15'34.0"W*
GOOGLE *-33.989487, -58.259450*
DISTÂNCIA DO CENTRO DE COLONIA DEL SACRAMENTO *80,2 km*
VISITAS *turismo@irurtia.com.uy*
TEL. *(598) 4542-2323 / 09969-2545*
FUNCIONAMENTO *visitas de sexta à segunda, às 11h*

Um século de vinho

Maria Noel é a alegria em pessoa. Bisneta do fundador, enóloga, faz questão de receber as visitas. Mesmo em um grupo grande, todos aprendem e se divertem. O ponto de encontro é na Cafeteria La Bohemia, onde há café, vinho, livros e comidinhas.

Enquanto entretém o grupo a caminho do vinhedo, conta a história da família e de sua infância em meio a tanques e mangueiras. No vinhedo, 28 variedades plantadas. Das menos comuns no país, Viognier e Gewürztraminer. Dependo da época do ano, provam-se as uvas e aprende-se a reconhecer a variedade pelo formato da folha. A visita continua pelas instalações destinadas à elaboração de vinho de mesa, 90% da produção, e termina na cave, onde os vinhos finos podem ser degustados calmamente.

Vale conferir:

- *São muitos rótulos a provar. Comece pelo Medio y Medio, bebida típica uruguaia inventada no Mercado del Puerto, que consiste em meia taça de vinho branco seco e meia taça de espumante doce. Aqui utiliza a uva Ugni Blanc. 10 graus de álcool.*
- *Da Linha Km0, prove o Viognier e o Tannat, intenso, aromas a ameixa e frutas bem maduras. Mas o destaque é o Km0 Cuvée Gran Reserva, um assemblage de Tannat, Marselan e Cabernet Franc, elaborado para comemorar os cem anos da vinícola.*
- *Se não tiver pressa, peça para prepararem uma picada e relaxe na cafeteria, no inverno ou no verão.*

LOS CERROS DE SAN JUAN

www.loscerrosdesanjuan.com.uy

FUNDAÇÃO *1854* **ÁREA PLANTADA** *45 ha* **PRODUÇÃO ANUAL** *180 mil garrafas*

END. *Ruta 21, km 213, Vía Fluvial Rio de la Plata – Río San Juan*
GPS *34°13'11.7"S 57°55'46.6"W*
GOOGLE *-34.219921, -57.929600*
DISTÂNCIA DO CENTRO DE COLONIA DEL SACRAMENTO *33,3 km*
VISITAS *preencher formulário no site ou info@loscerrosdesanjuan.com.uy*
TEL. *(598) 9191-9494*
FUNCIONAMENTO *a combinar*

A mais antiga do Uruguai

Os primeiros donos, alemães, compraram 8.500 hectares para a criação de ovelhas de olho na produção de lã. À época, construíram uma pequena vinícola para produzir vinho para as famílias que viviam na propriedade. A viticultura cresceu e, em 1898, foi vendida a primeira safra ao mercado.

A propriedade atual conta com 221 hectares, menos de 3% da área original de mais de 150 anos atrás. A visita percorre a área de produção, com seus enormes tanques cilíndricos de concreto e a cave, onde milhares de garrafas repousam esquecidas (mas estão à venda). É possível acompanhar toda a evolução das etiquetas da casa.

A melhor parte da visita é a degustação, realizada em um autêntico armazém de secos e molhados: a sensação é a de se estar em um filme. Agora é hora de relaxar. Peça uma picada (é bem completa) e curta tintos e brancos com seu grupo.

Vale conferir:

- *Na linha Crianza, prove o Riesling. Funcionou bem no dia quente em que a vinícola foi visitada.*
- *Na linha Maderos, o Tempranillo merece atenção especial. O melhor do guia.*
- *A linha Cuna de Piedra é a linha premium da casa. O Tannat e o Cabernet Sauvignon surpreenderam.*
- *O ícone da vinícola se chama Mil Botellas, um pentavarietal! Coisa rara no novo mundo.*

NARBONA

www.narbona.com.uy

FUNDAÇÃO *1909* **ÁREA PLANTADA** *18 ha* **PRODUÇÃO ANUAL** *80 mil garrafas*

END. *Ruta 21, km 268 – Carmelo*
GPS *33°55'25.7"S 58°22'28.5"W*
GOOGLE *-33.92381, -58.37458*
DISTÂNCIA DE COLONIA DEL SACRAMENTO *90 km*
VISITAS *valeria.chiola@narbona.com.uy*
HOTEL *reservas@narbona.com.uy*
TEL. *(598) 4540-4160, 4778, 9732-9339*
FUNCIONAMENTO *a combinar*

Charme, descanso e vinho

Um charmoso lodge de cinco suítes com a assinatura Relais & Châteaux. Um antigo armazém transformado em restaurante gourmet. Um empório onde são vendidos o doce de leite e os queijos produzidos na propriedade. E, para terminar, um alambique brasileiro, onde são elaborados cognac e grappa. Tudo em um só lugar em um complexo de 50 hectares – sendo 15 de vinhedos – em estilo country chic, que faz excelente uso da história do lugar e aconchega hóspedes e visitantes.

Fundada em 1909 por franceses, a propriedade foi abandonada na década de 1970 e comprada pelo atual dono em 1990. Os vinhedos foram replantados em 1996 e, a partir de 1998, inicia-se a produção de vinhos para abastecer o restaurante.

São vários espaços para degustar vinho, tomar um café ou simplesmente relaxar. A degustação foi realizada na antiga cava da família, harmonizada com os deliciosos queijos Narbona. Quem visita também pode aprender harmonização e até ser enólogo por um dia, elaborando seu próprio corte. Outra excelente opção é conhecer o restaurante, que possui filial em La Barra, Punta.

Vale conferir:

- *Narbona Tannat Roble, macio, encorpado e frutado. Fermentado e macerado em fouldres franceses, que permitem a microoxigenação antes do envelhecimento.*
- *Narbona Sauvignon Blanc. Um "Sancerre cisplatino", aromas a frutas brancas como pera e maçã. Perfeito para acompanhar um Brie ou um queijo de Colonia. O vinhedo está localizado em Punta del Este. São apenas 6 mil garrafas por ano. Vale a compra!*
- *Luz de Luna. O Ícone da vinícola. Um blend de Tannat das colheitas de 2010, 2011 e 2012. Elegantérrimo! Uma agradável combinação de especiarias e frutas vermelhas maduras. Um dos melhores do guia.*
- *Grappa Miel. Suave (23,4° versus 40° da grappa tradicional) e só vendida na vinícola. Produção limitada. Comprei a minha!*

MAR – ATLÁNTIDA
A PUNTA DEL ESTE

A região começa quando saímos de Montevideo em direção ao Atlântico e é repleta de balneários: Cuidad de la Costa e Atlántida (pertencem a Canelones), Solís, Piriápolis, Punta Colorada e Punta Ballena. Mas Punta del Este, sem dúvida, é a estrela maior desta constelação marinha.

Depois do Rio de Janeiro, Punta del Este é a cidade costeira mais badalada e sofisticada da América Latina. As águas frias do Atlântico lembram a Europa, mas o sangue é quente, latino - uruguaio, argentino, brasileiro – e ferve à noite nas baladas e festas.

Em função de sua latitude, a temporada dura no máximo de dezembro a março. A cidade, contudo, tem charme para atrair eventos e visitantes durante o ano todo, graças a sua infraestrutura hoteleira e à gastronomia de nível internacional. Apesar da

ALTO DE LA BALLENA
CASA GRANDE
GARZÓN
VIÑEDO DE LOS VIENTOS

proximidade com o mar, vários hotéis possuem cara de hotel de montanha.

Dois símbolos da cidade devem ser registrados: Los Dedos, escultura de Mario Irarrázabal, erguida em 1982 na Playa Brava; e Casa Pueblo, antiga residência do artista Carlos Vilaró, que a cada visita construía um cômodo para receber o amigo. Hoje é hotel e museu com o mais bonito por do sol da cidade. Apaixonado pelo astro-rei, criou um sol para cada signo do zodíaco. Compre o seu.

Seguindo para leste, mais praias e balneários até chegarmos à pequena Jose Ignacio. Nascida em torno do farol homônimo, sempre foi uma opção mais barata para aqueles que sonhavam com uma casa na praia. Hoje, com a chegada de hotéis VIP e restaurantes de alta gastronomia, vem ganhando cada vez mais prestígio.

O Departamento de Maldonado, do ponto de vista vitivinícola, está praticamente debutando, mas é o de maior crescimento. Em 2007 eram apenas 40 hectares; hoje, já soma 330 ou cerca de 5% do total do país. Seu terroir vem sendo explorado por grandes nomes como Bouza e Familia Deicas. Pela proximidade do mar e outras características, 29% das uvas são brancas, superior à média nacional de 22%. Além das incontestes Tannat e Merlot, outras variedades se destacam, como Cabernet Franc, Marselan, Pinot Noir e Petit Verdot. Dentre as brancas, a Sauvignon reina absoluta.

VINHO POR UM DIA

46 TINTOMANÍACOS I

A Alto de la Ballena foi a primeira vinícola a se instalar na região. Elabora o melhor Cabernet Franc uruguaio e Merlot fantásticos. O Cettus é o melhor Syrah do país. A Viña Edén produz dois tintos muito especiais: Tannat Reserva e o assemblage Cerro Negro (Tannat, Merlot, Marselan).

SUGESTÃO DE ROTEIRO: Visita e asado na Viña Edén. Por do sol na Alto de la Ballena

47 WHITELOVERS

Pablo Fallambrino criou intuitivamente brancos únicos, como o fantástico Estival - Gewürztraminer, Chardonnay, Moscato Bianco – e o refrescante assemblage Arneis (uva italiana) e Chardonnay. Na Garzón, os destaques são o Sauvignon Blanc e os reservas Viognier e Chardonnay.

SUGESTÃO DE ROTEIRO: Saindo de Montevideo, passe na Viñedo de los Vientos e, se você estiver com muita fome, almoce antes de chegar a Punta del Este no Restaurante Garní; se não, prefira almoçar mais perto de Garzón. A sugestão é o Parador La Huella, em Jose Ignacio. Visite a Garzón à tarde.

48 PEQUENAS PRODUÇÕES

Sinta a fruta na Casa Grande com seus varietais. Na Viñedo de los Vientos, os destaques são o Eolo, que passou três anos em barricas usadas, e o Angel´s Cuvée, um Ripasso de Tannat. Pablo se cansou de fazer vinhos previsíveis e foi buscar nas suas origens italianas a técnica da Valpolicella que consiste na secagem das uvas por um mês ainda nas plantas que depois são refermentadas com um vinho já pronto.

SUGESTÃO DE ROTEIRO: Casa Grande pela manhã. Almoço no restaurante Garcia, em Carrasco. Viñedo de los Vientos à tarde.

49 NATUREZA

Na Alto de la Ballena a paisagem é linda e infinita. São 360° de montanhas, campos e a Laguna del Sauce à frente. Na Garzón, os vinhedos formam um mosaico a perder de vista. O empreendimento olivícola Colinas de Garzón também vale a visita.

SUGESTÃO DE ROTEIRO: visita e almoço na Garzón. Por do sol na Alto de la Ballena.

50 ARQUITETURA

O escritório mendocino Bórmida & Yanzón já projetou nada menos do que vinte bodegas, algumas delas das mais espetaculares do planeta, como O Fournier, Diamandes e Salentein. Foram contratados para projetar a Garzón, com 19 mil metros quadrados de instalações. A vinícola está certificada com o selo LEED – Leardeship in Energy & Environmental Design. Utiliza menos água, menos energia e a gera através de turbinas eólicas e placas fotovoltaicas. A recém-inaugurada Viña Edén também se utiliza da gravidade para "incomodar" menos o vinho e poupar energia. Também gera energia solar e eólica.

SUGESTÃO DE ROTEIRO: visita e almoço na Garzón. Viña Edén à tarde.

ONDE COMER E FICAR

COMER

DENTRO DAS VINÍCOLAS

🍴🍴🍴 ***Garzón (parrilla).*** *Bodega Garzón. Ruta 9, Km 175 – Garzón. Tel.: (598) 4224-4040. Quarta a domingo, serviços às 13, 14:30, 16 e 17:30h.*

Indiscutivelmente a melhor parrilla do Uruguai! Idealizado por Francis Mallmann, possui vários ambientes com decoração impecável e uma vista de tirar o fôlego. São menus fechados, com pratos que de alguma forma passam na parrilla. A berengena al fuego com iogurte grego estava muito delicada e aromática. O cordero braseado passou doze horas cozinhando e derrete na boca. O ojo de bife é defumado antes de ir para a parrilla. Inesquecível, melhor do guia. É caaaro, mas vale cada peso!

FORA DAS VINÍCOLAS

Narbona ♥ ***(cozinha uruguaia).*** *Ruta 104, Camino Del Golf, La Barra – Manantiales. Tel.: (598) 4410-2999. Diariamente, café da manhã, almoço e jantar.*
A mesma qualidade já reconhecida em Carmelo agora em Punta. Queijos e pães pedem o Rosé. Depois escolha o Pinot ou o Tannat de acordo com o prato - massas e carnes, respectivamente.

Garní ♥ ***(cozinha armênia e árabe).*** *Ensenada entre Rambla y Del Pesquero, Parada 27, Solís – Maldonado. Tel.: (598) 4432-4301. Diariamente, das 12 às 16h e a partir das 20:30h.*
Concorrido. Toda a família trabalha, preparando entradinhas e pastinhas (Mezzé). Se estiver acompanhado, peça oito diferentes. Depois comece pelas entradas frias – tabule, joriatikí, salada grega com queijo de cabra. Já é hora de parar, mas como resistir a boerek, falafel e aos lehmeyún, uma espécie de esfiha aberta de carne bem fininha?

ONDE COMER E FICAR

Isidora ***(internacional, frutos do mar).*** *Rambla Artigas e 21. Tel.: (598) 4244-9646. Diariamente, das 12 às 16h e das 19:30 à meia-noite.*
A vista no almoço é preciosa e o ambiente interno também chama atenção. Boa carta de vinhos e um menu que deve ser percorrido até o fim: cubiertos, entrada, principal y postre.

Lo de Tere ***(uruguaia, frutos do mar).*** *Rambla del Puerto esquina com 21. Tel.: (598) 4244-0492. De segunda a sábado, das 12 às 15h e das 19 às 23h.*
Um clássico da península, sobretudo por seu atendimento. A carta de vinho é a melhor da cidade. Claro, estamos no Uruguai e sempre há carne. Mas recomendo uma noite de mar, incluindo a vista. Comece pela casquinha de siri ou cangrejo, ricamente temperada. Pergunte ao maître sobre os peixes do dia. Quando acabar o vinho, "entregue-se" e peça um homenaje al dulce de leche. Os primeiros clientes da noite recebem desconto na conta. Informe-se quando da reserva.

Guappa ***(internacional).*** *Rambla del Puerto e 28. Tel.: (598) 4244-0951. Diariamente, das 9:30 à meia-noite.*
Também atende à beira-mar durante o verão. Ambiente refinado e aconchegante. Culinária gourmet, mas com sabor e muita criatividade nas combinações. Tudo o que provei gostei muito: pulpitos guappa, fettuccine com camarão e rúcula, merluza negra. Recomendo a qualquer hora!

La Olada ***(internacional).*** *Entre Soria e Las Focas, La Juanita - Jose Ignacio. Tel.: (598) 4486-2745. Segunda a sábado, das 20 à 1h.*
Tudo maravilhoso, apesar do ambiente bem simples. Serviço acima da média e comida muito acima da média: carnes no ponto perfeito, saladas, risotos com frutos do mar e, para terminar, el mejor flan con dulce de leche del planeta.

El Palenque Ⓡ ***(parrilla).*** *Av. Roosevelt com Parada 6. Tel.: (598) 4249-4257 e 4249-4260. Diariamente, das 12 às 16h e das 19 à 1h.*
A mais tradicional casa do Mercado del Puerto de Montevideo se instalou na cidade em 2002 para oferecer o que há de melhor na arte de assar carnes.

Al Forno Ⓡ ***(cozinha italiana e mediterrânea).*** *Calle 17 e Calle 20, La Barra. Tel.: (598) 4277-2775. Diariamente, das 12 às 16h e das 20h à meia-noite.*
A mesma qualidade do Al Forno Montevideo só que em um ambiente mais bonito, por dentro e por fora. Já que estamos em Punta, dê preferência aos frutos do mar.

Medio y Medio Ⓡ ***(cozinha de autor).*** *Del Parador Viejo com Brisas del Mar, Portezuelo, Punta Balena – Maldonado. Tel.: (598) 4257-8791. Diariamente, das 12h à meia-noite.*
Onde a gastronomia encontra o jazz. O ambiente tem um pouco de Europa e de Rio de Janeiro. O foco é a música. Um programa diferente.

El Infiernillo Ⓡ ***(frutos do mar).*** *De La Gloria, Punta Colorada - Piriápolis. Tel.: (598) 9827-0270. No verão, diariamente a partir das 19h. Consultar horários para outras estações.*
Meio galeria, meio restaurante. Menu reduzido e salão cheio. Não aceita cartão de crédito.

Artico Ⓡ ***(fast sea food).*** *Trinquete, 1181, Puerto. Tel.: (598) 4244-4442. Diariamente, das 11:30 às 16h e das 19 às 22:30h.*
Igual não há. Imagine um fast food, mas só de frutos do mar e pescados, tudo de qualidade e a preços justos. Polvo, lula, camarão, peixe, mariscos...nem precisava da vista espetacular do porto. Compre as caixinhas e leve para casa ou deguste no deck mesmo com um Sauvignon Blanc.

ONDE COMER E FICAR

Parador La Huella* Ⓡ *(frutos do mar, japonesa). *Praia de Jose Ignacio. Tel.: (598) 4486-2279. Segunda à quinta, das 12 às 17h; sexta e sábado, das 12 às 17h e das 20:30 à meia-noite.*
É o mais badalado da região. Concorridíssimo, é para quem quer ver e ser visto.

El Secreto (parrilla e frutos do mar). *Rambla Portuaria entre 28 y 27. Tel.: (598) 4244-8773 ou 4244-8776. Diariamente, aberto para café da manhã, almoço e jantar.*
Entre as brasas e o mar. Além do salão com ar condicionado, possui mesas na calçada do outro lado da rua, as preferidas no verão. Para quem pede tinto, comece pela salsicha parrillera e depois encare o ojo de bife com boniato glaseado. Se for de branco, chipirones grillados Secretos e Brótola grillé como principal.

Boca Chica (parrilla e frutos do mar). *Calle 11 e Rambla Artigas Tel.: (598) 4248-0898. Diariamente, das 9 às 2h.*
Vários ambientes, para grandes comemorações, um jantar a dois ou apenas curtir o por do sol com uma copa de vino.

Moby Dick (pub). *Rambla Artigas, 650. Tel.: (598) 4244-1240. Diariamente, das 18 às 5h.*
Apesar de seu imenso número de mesas, lota na temporada. Enorme variedade de whiskies.

Chivipizza (chivito e pizza). *Pedragosa Sierra, Hotel Art Design 2122. Tel.: (598) 4247-7777. Terça a domingo, das 19 às 2h.*
Com fome à uma da manhã? Você está salvo! Ambiente de férias, tendo o surf como tema principal. Drinks, cerveja e vinho acompanham pizzas e Chivitos.

Las Charruitas (empanadas). *Francisco Salazar, entre Vaz Pereira e Lenzina. Tel.: (598) 4249-0273. Quinta a domingo, das 19:30 à meia-noite. Sexta a domingo, das 12 às 15h. Serviço de delivery.*
As melhores de Punta! Queijo com cebola, carne picante, atum...são mais de quinze combinações.

Marismo (cozinha uruguaia). *Rua 10, Km 185, Arenas de Jose Ignacio. Tel.: (598) 4486-2273. Na temporada, diariamente, das 20:30 às 2h.*
Federico cria os pratos enquanto Nati recebe e acomoda todos. Ambiente bem rústico, na areia, entre arbustos e a céu aberto, mas com ótimo astral. Prefira ir durante o verão.

FICAR

FORA DAS VINÍCOLAS

***Hotel & Spa Las Cumbres* ♡.** *Ruta 12, km 3.900, Laguna del Sauce – Maldonado. Tel.: (598) 4257-8689.*
A apenas 15 km de Punta, é uma ótima opção para visitar as vinícolas Altos de la Ballena e Viña Edén. Instalações com muito charme e estilo, além de muito conforto e privacidade nas suas 28 suítes. Vista maravilhosa e restaurante de primeiro nível.

ONDE COMER E FICAR

Il Belvedere ♡. *Rambla Lorenzo Battle Pacheco, 20100. Tel.: (598) 4249-4817.*
Cabanas e bangalôs no meio do bosque...mas em frente à praia! Excelente localização, no caminho de La Barra e Jose Ignacio. Piscina climatizada e serviço de praia na temporada. Parquinho e recreadores para os pequenos.

L'Auberge Hotel ♡. *Av. del Agua y Carnoustie, Praia Brava - Punta del Este. Tel.: (598) 4248-8888.*
Um clássico de Punta. Atmosfera diferente das demais oferecidas na cidade. A impressão é de estar na Europa. Jardins bem cuidados e uma equipe muito profissional. Que tal chá da tarde com waffles? Tudo isso a apenas 300 metros do mar. Maravilhoso no verão, mas melhor ainda no inverno. Combina muito com vinho.

Club Hotel Casapueblo ♡. *Ruta Panorámica, s/n, Punta Ballena – Maldonado. Tel.: (598) 4257-8611.*
Era uma casa e ateliê nos anos 1950...e foi crescendo, crescendo, crescendo. Tem um pouco de labirinto: cada quarto tem uma história, um tamanho (até quatro ambientes), uma vista. É um hotel rústico, estilo mediterrâneo, exala arte pelas paredes. Mas há piscina interior, exterior, academia, sauna e uma localização fantástica com o por do sol mais bonito do Uruguai. Em poucos lugares do mundo é possível hospedar-se em uma obra de arte. Não perca esta oportunidade.

Punta del Este Resort Spa (ex Mantra) Ⓡ. *Av. Jaureguiberry y Ante Milat - La Barra. Tel.: (598) 4277-1000.*

Um resort completo, incluindo o parador na praia (um diferencial importante). São várias opções de suítes. Café da manhã farto e variado. A localização é ótima para experimentar diferentes restaurantes.

Las Olas Resort. *Ruta 10, Parada 50 - La Barra. Tel.: (598) 4277-0466*
Quem se hospeda deve ter em mente que o foco do hotel é a praia. Além de suítes, há apartamentos para até quatro pessoas.

Barradas Parque Hotel & Spa. *Rio Branco, Parada 9 – Punta Del Este. Tel.: (598) 4249-4444.*
Estilo inglês a 300 metros da Praia Mansa...só em Punta (ou na Inglaterra)! Decoração de bom gosto. Ótimo café da manhã. Recreadores para as crianças e duas piscinas – uma dentro aquecida e outra fora gelada.

Para quem deseja ficar em Punta, mas um pouco fora do buchicho, o Design District oferece três boas opções. Seguem os destaques de cada hotel:

AWA Boutique + Design Hotel. *Pedragosa Sierra e San Ciro – Punta del Este. Tel.: (598) 4249-9999.*
Possui restaurante, sauna seca e vapor, e a melhor academia. Oferece gratuitamente barraca e cadeira de praia. A piscina é externa e os quartos são pequenos. O estacionamento é do lado de fora.

Sisai Hotel Boutique. *Pedragosa Sierra e Roosevelt – Punta del Este. Tel.: (598) 4249-8803.*
Possui restaurante e dispõe da melhor piscina. Os quartos são um pouco maiores e o estacionamento é interno.

2122 Art Design Hotel. *Pedragosa Sierra - Punta del Este. Tel.: (598) 4249-2122.*
Não possui restaurante, mas oferece os maiores quartos e todos com varanda. A recepção é a mais aconchegante dos três. Estacionamento interno e café da manhã simples.

ALTO DE LA BALLENA

www.altodelaballena.com

FUNDAÇÃO *2001* **ÁREA PLANTADA** *8,5 ha* **PRODUÇÃO ANUAL** *50 mil garrafas*

END. *Ruta 12, km 16.400, Sierra de la Ballena – Maldonado*
GPS *34°44'41.9"S 55°00'59.2"W*
GOOGLE *-34.74496, -55.01644*
DISTÂNCIA DO CENTRO DE PUNTA DEL ESTE *30,3 km*
VISITAS *visitas@altodelaballena.com*
TEL. *(598) 9441-0328*
FUNCIONAMENTO *A combinar*

Um lugar simples, a paisagem e o vinho

O melhor fim de tarde de todo o Uruguai. Enquanto as visitas nas outras vinícolas do país se encerram, é hora de deixar Punta rumo à Sierra de la Ballena. Paula trabalhava em um banco, mas queria mesmo era fazer vinho. Tornou-se enóloga e montou a vinícola com o marido Álvaro. O Projeto, inspirado em Saint-Émillion, é o primeiro do gênero na região. O foco continua sendo as castas Merlot e Cabernet Franc. Ainda bem.

Falando da experiência, imagine um quiosque de praia, só que em cima da montanha. Isso é tudo que você vai precisar além, obviamente, dos vinhos diferenciados da vinícola, como o Tannat e Viognier, mescla tinta e branca, cofermentada; e o rosado de Cabernet Franc e Merlot, frutado e seco. Enquanto o sol se despedia, falamos da natureza deslumbrante que nos cercava, de vinho, da família, da vida...até tarde da noite.

Vale conferir:

- *Reserva Merlot 2006. Completo. Descobri que a melhor uva do Uruguai é a Merlot, e não a Tannat. Degustado em 2016, estava em sua plenitude, mesmo após dez anos dormindo. Maduro, frutas vermelhas maduras e um leve tabaco ao final.*
- *Reserva Cabernet Franc. O melhor exemplar desta cepa no Uruguai. Talvez da América do Sul.*
- *Cettus. Um maravilhoso Syrah, que se aproveita do solo formado por granito, xisto e quartzo. Repousou por 18 meses em carvalho francês novo. Floral e equilibrado.*
- *Cettus Cuvée. Assemblage de Cabernet Franc, Merlot e algo mais. 22 meses no carvalho. Precioso.*

CASA GRANDE

www.vinoscasagrande.com

FUNDAÇÃO *2012* **ÁREA PLANTADA** *25 ha* **PRODUÇÃO ANUAL** *30 mil garrafas*

END. *Interbalnearia, km 23.900. Camino de los Horneros, s/n – Canelones*
GPS *34°45'53.1"S 55°58'11.4"W*
GOOGLE *-34.764739, -55.969829*
DISTÂNCIA DO CENTRO DE MONTEVIDEO *28,7 km*
DISTÂNCIA DE PUNTA DEL ESTE *110 km*
VISITAS *info@vinoscasagrande.com*
TEL. *(598) 9912-0862, 9939-9901, 9939-1049*
FUNCIONAMENTO *segunda a sábado, das 9 às 16h; domingo a combinar*

"El vino no se entiende, se experimenta"

Para quem chega ao Uruguai no meio da manhã e se destina a Punta del Este, a vinícola é a parada ideal, pois é bem no caminho e está situada a apenas 12 km do aeroporto. Durante a degustação é servida uma tábua de frios, queijos, pão de campo e outras tentações que dão conta da fome por horas.

O empreendimento é familiar, estimulado por Florencia, enóloga, que convenceu o pai a vendê-la parte de suas uvas para elaborar vinhos. Com pouco mais de quatro anos de vida, a bodega segue crescendo e recebendo os turistas na casa da avó para visitas espontâneas e relaxadas. "Não há roteiro definido...depende da interação", comenta Florencia.

São muitas variedades plantadas em pequenas parcelas. Assim, cada uma delas é destinada ao seu próprio tanque – alguns de 300 litros apenas.

Durante a visita, muitas pinturas e outros toques de arte e bom gosto, território da mãe Francesca, que também cozinha para grupos com reserva prévia.

Vale conferir:

- *Sauvignon Blanc. De clone Sul-Africano, é o vinho ideal para dar as boas-vindas aos amigos que você convidar para um almoço de verão.*
- *Tanacito. 16 meses em barrica e uma suavidade ímpar. Me lembrou o terroir de Graves, em Bordeaux. Je l'ai acheté deux bouteilles!*
- *Blend seis variedades: Tannat, Arinarnoa, Cabernet Franc, Merlot, Cabernet Sauvignon e Trempanillo. Provado ainda na barrica, esta normalmente usada para brancos, "para não matar a fruta", explica Florencia. Só digo que estava estupendo! Aguardemos o lançamento!*

GARZÓN

www.bodegagarzon.com

FUNDAÇÃO *2008* **ÁREA PLANTADA** *220 ha* **PRODUÇÃO ANUAL** *2,1 milhões de garrafas*

END. *Ruta 9, km 175, – Garzón*
GPS *34°34'10.9"S 54°37'44.9"W*
GOOGLE *-34.569708, -54.629145*
DISTÂNCIA DO CENTRO DE PUNTA DEL ESTE *76,3 km*
VISITAS *reservas@experienciasgarzon.com*
TEL. *(598) 4224-4040*
FUNCIONAMENTO *quarta a domingo, tours às 10:30, 12, 14 e 15:30h*

A mais bela do Uruguai

É também a mais moderna. A Família Bulgheroni, proprietária de vinícolas em vários países, resolveu, pela primeira vez, construir um projeto do zero, nos campos de Garzón, situados a 18 km do mar. Começaram com a plantação de oliveiras (hoje com mil hectares) e seguiram comprando terras até alcançar os cinco mil hectares atuais. Como todos sabem, "onde dá boa azeitona, dá boa uva". As primeiras parreiras foram plantadas em 2008 e dois anos mais tarde já era produzido o primeiro vinho, ainda na vinícola antiga, hoje destinada ao vinho de mesa. A vinícola nova, inaugurada em março de 2016, é enorme, bonita, moderna e sustentável. A assessoria enológica está por conta do italiano Alberto Antonini. As uvas passam por seleção ótica e seguem para fermentar em aço, concreto ou madeira, conforme a linha de vinhos. A degustação é feita ao longo da visita, entre os tanques.

A viagem até a vinícola é longa, por isso recomendo colocar o almoço nos planos que, sem dúvida, será uma experiência para toda a vida.

Vale conferir:

- *No tour foram servidos apenas os vinhos de entrada. O Sauvignon Blanc impressionou com suas notas de macarujá. Para provar os vinhos Reserva e Single Vineyard, só no restaurante. Ambos aprovados.*
- *Para quem deseja conhecer mais sobre a produção de azeite, o projeto Colinas de Garzón fica a dez minutos. A parte industrial não tem muita graça, mas o passeio de trator entre as oliveiras é bacana. A degustação deixa a desejar. Poderia ser mais técnica pelo preço cobrado. Os azeites são muito bons e valem a compra.*

VIÑEDO DE LOS VIENTOS

www.vinedodelosvientos.com

FUNDAÇÃO *1997* **ÁREA PLANTADA** *30 ha* **PRODUÇÃO ANUAL** *60 mil garrafas*

END. *Ruta 11, km 162, Atlántida*
GPS *34°43'52.5"S 55°46'24.9"W*
GOOGLE *-34.73126, -55.77357*
DISTÂNCIA DO CENTRO DE MONTEVIDEO *48 km*
VISITAS *info@vinedodelosvientos.com*
TEL. *(598) 4372-1622 ou 9937-2723*
FUNCIONAMENTO *a combinar*

Velhas técnicas, novos sabores

De família vinhateira, o jovem Pablo Fallambrino, então com 23 anos, decide importar modernos equipamentos e começar uma bodega distinta das demais. Busca inspiração na Itália e na paisagem uruguaia. Suas criações são repletas de nuances que instigam a curiosidade e se alojam definitivamente na memória de todos os inocentes desatentos que as provarem. Os rótulos, também criados por Pablo, são belíssimos e provocam o descorche. Seus desenhos magnetizam os olhares e ganham outros contornos à medida que a conversa avança e o vinho se esvai.

A visita é conduzida pelo próprio Pablo ou pela esposa Mariana, responsável pela gastronomia. Relaxante, sem pressa, cheia de história, natureza, emoções e vinhos exquisitos. Assim foi a experiência que vivi, que começou por um café passado na hora. Caminhando pelo vinhedo, tive a certeza que a vinícola fora batizada com propriedade.

Vale conferir:

- *Alcyone. Um tinto fortificado com Brandy e aromatizado com ervas, como um Marsala. Apenas 14 graus de teor alcoólico. Uma inesquecível surpresa, que comprei em profusão.*
- *Estival. 60% Gewürztraminer, 30% Chardonnay e 10% Moscato Bianco. Maracujá, abacaxi e frutos secos. Um blend feito ao acaso, quase uma poesia. Fantástico!*
- *Eolo. Deus dos ventos, liberto após 36 meses em carvalho francês de tosta alta. Baratíssimo.*
- *Notos. 90% Nebbiolo, 10% Tannat. Framboesa e especiarias.*

GLOSSÁRIO

O mundo do vinho usa um "dialeto global", composto por inúmeros termos técnicos em francês (fr), latim (la), espanhol (es), italiano (it), inglês (in) e português (pt). Abaixo seguem os mais utilizados. Também foram incluídas algumas palavras em espanhol e em "italiano da serra" que você vai ouvir e utilizar bastante na viagem.

AMPELOGRAFIA Disciplina da botânica e da agronomia que estuda, identifica e classifica as variedades com base na descrição de vários órgãos das plantas, como a forma e a coloração das folhas e dos cachos.

ASADO (es) Churrasco. Mais do que um hábito, uma religião e, ao mesmo tempo, uma arte, no Uruguai.

ASADOR (es) Pode referir-se ao churrasqueiro, isto é, à pessoa que prepara o asado, ou à churrasqueira.

ASADO DE TIRA (es) Costela bovina cortada horizontalmente.

AUTÓLISE É o rompimento das células mortas das leveduras na garrafa, criando aminoácidos que influenciam na cremosidade e nos aromas do espumante.

B

bar Unidade de pressão cujo valor é muito próximo ao da pressão atmosférica padrão.

BARICA O mesmo que barrica. É assim que se fala na Serra Gaúcha.

BÂTONNAGE (fr), BATONAGE (es) Operação de revolver as leveduras mortas que se depositam no fundo do barril durante o processo de envelhecimento. O objetivo é "arredondar" o vinho.

BAYA (es) Bago (da uva).

BIFE ANGOSTO (es) Contra-filé.

BIFE DE CHORIZO (es) Miolo do contra-filé

BILLETE (es) Nota, dinheiro.

BLIND TEST (in) Degustação às cegas, durante a qual os rótulos são encobertos com o objetivo de neutralizar qualquer influência da marca e da tradição sobre os jurados.

BOCA (es) Termo usado para descrever a textura do vinho na boca durante a degustação. "En boca este vino está muy bueno".

BORRA Sedimentos que se formam na garrafa dos vinhos envelhecidos pela precipitação de pigmentos e taninos. Não faz mal à saúde, mas incomoda na hora de beber. Por isso recomenda-se decantar esses vinhos. Na Serra Gaúcha se diz BÔRA.

BORRACHO (es) Bêbado.

BOTELLA (es) Garrafa.

BOTRYTIS CINEREA (la) Fungo benéfico que causa a "podridão nobre" das uvas que serão destinadas a vinhos de sobremesa.

BOUQUET (fr) Termo usado para designar os finos aromas que se formam quando o vinho é envelhecido em garrafa. Também chamados de aromas terciários, só serão encontrados nos "grandes vinhos".

C

CATA (es) Degustação, prova.

CEPA (es) Variedade de uva. Merlot é uma casta ou variedade.

CANTINA (it), CAVA (es), CAVE (fr, pt) O mesmo que adega. Onde o vinho é elaborado.

CENA (es) Jantar.

CHÂTEAU (fr) A tradução literal é "castelo", mas o termo é utilizado para designar qualquer propriedade que produza vinho na região de Bordeaux. Com o mesmo sentido, usa-se Domaine, na Borgonha; Quinta, no Douro; Herdade, no Alentejo; Fattoria, Cantina ou Tenuta, na Itália; Finca, na Argentina; Viña, no Chile e na Espanha; Vinícola, no Brasil. Também é usado para designar o melhor vinho produzido no Château.

CHINCHULÍN (es) Intestino delgado.

CHORIZO (es) Linguiça.

COLITA DE CUADRIL (es) Maminha.

COMPLEXIDADE Quando um vinho de alta qualidade apresenta diversos sabores ou aromas, dizemos que é um vinho complexo.

COPA (es) Taça. Na Serra Gaúcha, copa é um embutido obtido do corte da sobrepaleta. É curada e defumada. Uma delícia com queijo colonial e um merlot para acompanhar.

CORCHO (es) Rolha.

CORPO Peso do vinho na boca. Influenciado pela graduação alcoólica, pela quantidade de fruta etc.

CRIANZA (es) Termo espanhol utilizado para designar o tempo que um vinho deve permanecer envelhecendo – em madeira e na garrafa – antes de ser comercializado. Pela lei espanhola da Vide e do Vinho Crianza, um vinho tinto "crianza" deve passar 24 meses envelhecendo, sendo ao menos seis meses em barris de carvalho.

COSECHA (es) Colheita, safra.

COSECHA EN VERDE, RALEO (es) Processo que visa à diminuição da produção com o corte do excesso de cachos. Dessa forma a planta concentrará todos os esforços nos cachos remanescentes. O Château Margaux foi o primeiro a fazê-lo, em Bordeaux, em 1986.

COSECHA TARDÍA (es), LATE HARVEST (in) Vinhos elaborados com uvas que foram colhidas tardiamente para a obtenção de altos teores de açúcar. Normalmente indicados para acompanhar a sobremesa.

CUADRIL (es) Alcatra.

CUVÉE (fr) Designa um lote específico do vinho que foi produzido em uma determinada cuve (fr) ou cuba. Uma cuvée especial é como uma partida ou produção especial.

D

DECANTAÇÃO Processo em que o vinho é separado dos seus sedimentos.

DÉGORGEMENT (fr) Nicole-Barbie Ponsardin (a Veuve Clicquot) inventou um método para retirar os sedimentos remanescentes da segunda fermentação (que ocorre na garrafa). Consiste no congelamento do gargalo e a posterior retirada da tampa metálica, momento em que os sedimentos são expulsos naturalmente pela expansão dos gases, deixando o vinho limpo.

DEGUSTAÇÃO Ato de beber com prazer, apreciando. Pode-se beber um copo d'água. Mas, para decifrar os segredos de um bom vinho, é preciso degustá-lo.

E

ENÓFILO Amigo do vinho. Quem aprecia, gosta de vinho.

ENÓLOGO Profissional formado em enologia, responsável pela fabricação do vinho.

ENOTURISTA Turista que faz questão de incluir vinícolas em seu roteiro de viagem. Como eu e você.

ENXERTO Técnica utilizada para evitar pragas (filoxera, por exemplo). Usa-se a raiz de uma planta (conhecida como cavalo) imune à praga e enxerta-se a variedade que se deseja produzir.

EQUILÍBRIO Quando taninos, álcool, acidez e fruta estão em harmonia, dizemos que o vinho é equilibrado.

ESCOBAJO (es) O que sobra do cacho sem as uvas. Engaço.

ESPALDERA (es) Espaldeiro. Sistema de plantio mais utilizado em todo o mundo, que se caracteriza por plantas de dois braços (às vezes de um braço apenas) e altura controlada. Apesar de menos produtivo, facilita o manejo e garante uvas de melhor qualidade.

ESPUMANTE Vinho elaborado por processo que não libera o gás carbônico gerado na fermentação para a atmosfera. A pressão no interior de uma garrafa varia de 4 a 6 bar. Há vários métodos:

Asti: uma fermentação em tanque (utilizado para os moscatéis);

Ancestral: uma fermentação na garrafa;

Charmat: primeira e segunda fermentação em tanque;

Tradicional ou champenoise: primeira fermentação em tanque e a segunda na garrafa.

EXQUISITO (es) Diferente, mas no sentido de "muito bom". Ex.: Este plato es exquisito.

F

FERMENTAÇÃO Processo químico no qual os açúcares são transformados em gás carbônico e álcool pela ação de leveduras.

FILOXERA (la) Inseto que se alimenta das raízes das videiras e que devastou os vinhedos europeus na metade do século XIX. Está presente praticamente em todos os vinhedos do mundo, exigindo a técnica do enxerto.

FLÛTE (fr) Taça delgada ideal para servir espumantes.

FRISANTE Espumante que utiliza o método Asti, mas com menos gás carbônico que os espumantes em geral. A pressão dentro da garrafa não ultrapassa 2 bar.

G

GOTEO (es) Sistema de irrigação por gotejamento.

GRAPPA (it) Aguardente de uva.

GUARDA (es) É o tempo que um vinho pode ser guardado em casa sem que sua qualidade seja comprometida. Ex.: "Este vinho tem uma guarda de dez anos."

H

HARMONIZAÇÃO Ato de combinar o vinho com os pratos de uma refeição.

HECTARE Equivale a 10 mil metros quadrados ou 2,47 acres.

I

ÍCONO (es) Ícone. É considerado ícone o melhor

vinho produzido por uma vinícola. Geralmente é o mais caro também.

J

JARDIM DE VARIEDADES OU JARDIM AMPELOGRÁFICO Pequena área plantada com diversas cepas de uvas, com o intuito de oferecer ao visitante a possibilidade de prová-las para que perceba as principais diferenças entre elas.

L

LÁGRIMAS Formações resultantes da movimentação do vinho na taça, influenciadas pela velocidade da evaporação do álcool.

LEVEDURAS NATIVAS Leveduras encontradas na própria uva e/ou no ambiente.

LOMO (es) Filé-Mignon

M

MATAMBRE (es) Corte de carne localizado entre a costela e a pele, tanto do boi como do porco. Normalmente recheado com queijo e vegetais. Prove no Mercado del Puerto, em Montevideo.

MERENDIN (it) Lanche, pequena refeição.

MAGNUM Garrafa de 1,5 litro.

MOLE Vinho sem caráter.

MOLLEJA (es) Moela. Parte musculosa do sistema digestivo, localizada após o estômago, que serve para triturar os alimentos. No Brasil estamos acostumados apenas com a moela de frango. No Uruguai são comuns a de boi e a de cordeiro também.

MORCILLA (es) Chouriço que leva sangue em sua composição.

MOSTO Mistura de uvas prensadas que será fermentada para se tornar vinho.

MUSELET (fr) Armação metálica que envolve a rolha dos espumantes.

N

NARIZ Quando o vinho possui aromas equilibrados, diz-se que ele tem um bom nariz.

O

OJO DE BIFE (es) Corte nobre equivalente à ponta redonda do contra-filé.

ORGANOLÉPTICO Referente à cor, aroma e sabor.

P

PARCELA (es) Talhão. Pedaço demarcado de terra. Não é uma medida específica. Ex.: "Na parcela 7 da propriedade está plantado o Syrah."

PARRILLA (es) É a grelha utilizada para assar carnes e vegetais.

PARRILLADA (es) É o próprio asado ou churrasco. Nos restaurantes uruguaios, a parrillada é muito comum e designa uma chapa quente levada à mesa com carnes, entranhas e vegetais.

PELÍCULA Quando a fruta não tem casca, tem película. É o caso da uva, que não se descasca, portanto, não tem casca, e sim, película. A laranja, por sua vez, tem casca.

PÉ FRANCO Quando não há enxerto.

PERLAGE (fr) Conjunto de borbulhas de um espumante. Quanto menor forem, mais agradável será a sensação na boca e mais caro o espumante ou champagne.

PILETA (es) Tanques feitos de cimento e/ou concreto. Também usado para designar piscina.

PLATO DE FONDO (es) Prato principal.

POSTRE (es) Sobremesa.

PROPINA (es) Gorjeta.

PUNTAJE (es) Pontuação atribuída a determinado vinho por uma publicação especializada ou crítico.

PUPITRE (fr) Peça de madeira em formato "V" invertido com vários orifícios por onde as garrafas de espumantes são introduzidas para passar pelo processo de remuage.

R

RACIMO (es) Cacho.

REGALO (es) Presente.

REMONTAGE (es, fr) Processo de obtenção de cor que consiste em diversas passagens do suco pelos sólidos – casca e sementes – antes do processo de fermentação dos vinhos tintos. Normalmente é realizado com auxílio de bomba.

REMUAGE (fr) Processo de girar e inclinar as garrafas de champagne ou espumante até que as leveduras estejam completamente no fundo do gargalo, facilitando o dégorgement. As casas mais tradicionais ainda o fazem manualmente nos pupitres. Este mesmo trabalho teve seu tempo reduzido com a criação das giro-paletes, máquinas que fazem o mesmo em apenas sete dias.

RESERVA Designa um vinho mais elaborado, que ficou envelhecendo na vinícola, geralmente em barris de carvalho. De um Gran Reserva se espera uma qualidade ainda maior. O tempo de envelhecimento é determinado pelo enólogo. Não há regra especificando quantos meses um vinho deve envelhecer para ser considerado Reserva, exceto na Espanha.

RETROGOSTO, FINAL, PERSISTÊNCIA Sabor e aroma que

ficam na boca após o vinho ser engolido.

RICO (es) Gostoso. Ex.: "El almuerzo estava muy rico."

RIÑÓN (es) Rim.

ROBLE (es) Carvalho.

S

SANGRÍA (es) Técnica para aumentar a concentração do vinho. Consiste na retirada de líquido durante a maceração para aumentar a proporção dos sólidos e, com isso, incrementar aromas e corpo. O líquido retirado é geralmente usado para elaborar o vinho rosé. O procedimento não é muito bem-visto pelos enólogos, que o consideram uma espécie de "trapaça".

SINGLE VINEYARD (in) Quando o vinho é elaborado com uvas provenientes de um único vinhedo ou talhão.

SOMMELIER (fr) Profissional que trabalha em restaurantes e em algumas lojas especializadas elaborando a carta, gerenciando a adega e auxiliando os clientes na escolha da bebida ideal para combinar com o prato. No caso das mulheres, o termo a ser usado é sommelière.

T

TANINO Componente químico (polifenol) encontrado na película e nas sementes das uvas. Dá caráter e estrutura ao vinho. Mas se está "verde", proporciona uma sensação desagradável, deixando o vinho duro e adstringente.

TERROIR (fr), TERRUÑYO (es) Termo usado para designar a combinação de fatores que influenciam o cultivo, tais como solo, temperatura, altitude, insolação, vento e regime de chuvas.

V

VACÍO (es) Fraldinha (corte de carne)

VARIETAL Um vinho varietal é aquele no qual predomina uma só variedade de uva. Também é comum aplicar-se (erroneamente) o termo para vinhos leves e fáceis de beber, já que há muitos vinhos nobres feitos de uma única variedade.

VASO (es) Pronuncia-se "basso". Significa copo.

VINDIMA (pt), VENDIMIA (es) Colheita da uva.

VIDE (es), PARRA (es) Planta que produz uva. A parreira é o conjunto de vides. O mesmo que hilera (es).

VIÑA (es) Vinícola. Pode ser usado para designar toda a propriedade, a empresa ou apenas o vinhedo em si, isto é, o campo.

VITIS VINIFERA (la) Nome genérico da vide europeia.

252

VINÍCOLAS EM ORDEM ALFABÉTICA

ESTRELAS	VINÍCOLA	POR QUE VISITAR	REGIÃO	PÁG.
★	ABREU GARCIA	*Boutique nas alturas*	Santa Catarina	56
★★	ALMA ÚNICA	*"O Rei do Carvalho"*	Vale dos Vinhedos	136
★	ALTO DE LA BALLENA	*Um lugar simples, a paisagem e o vinho*	Atlántida e Punta	254
★	ANTIGUA BODEGA STAGNARI	*Pedra, Mulheres e Vinho*	Montevideo e Canelones	198
★	ARTESANA	*"Las Brujas del vino"*	Montevideo e Canelones	200
★	BARCAROLA	*Specialità Trentina*	Vale dos Vinhedos	138
	BERNARDI	*O Rei da Grappa*	Colonia e Carmelo	232
★★	BOSCATO	*Master Class em enologia*	Flores da Cunha	78
★★	BOUZA	*Cuidar de todos os detalhes*	Montevideo e Canelones	202
★	CAINELLI	*Fé, Família, Trabalho e Solidariedade*	Bento Gonçalves	114
★	CALZA JR.	*Espumantes e Acolhimento*	Vale dos Vinhedos	140
★	CARRAU	*A própria história do vinho uruguaio*	Montevideo e Canelones	204
★	CASA GRANDE	*"El vino no se entiende, se experimenta"*	Atlántida e Punta	256
	CASA PEDRUCCI	*"Esse é o Cara"*	Garibaldi	172
	CASA POSTAL	*Coisa de Família*	Bento Gonçalves	116
★★★	CASA VALDUGA	*Classe e Tradição*	Vale dos Vinhedos	142
	CASA VENTURINI	*O perlage sem igual*	Flores da Cunha	80
★	CASTILLO VIEJO	*Seguindo o caminho da uva*	Montevideo e Canelones	206
★	CAVE DE PEDRA	*Um castelo nos vinhedos*	Vale dos Vinhedos	144
★★	CHANDON	*Aula Magna*	Garibaldi	174
	CHATEAU LACAVE	*O sonho de pedra de Juan Carrau*	Flores da Cunha	82
★	COOP. VINÍCOLA AURORA	*A Grande Família da Serra*	Bento Gonçalves	112
★	COOP. VINÍCOLA GARIBALDI	*Como Napoleão*	Garibaldi	176
★	CRISTOFOLI	*"Nossa vida é o vinho"*	Bento Gonçalves	118
★	DAL PIZZOL	*"Parque de Diversões"*	Bento Gonçalves	120

ESTRELAS	VINÍCOLA	POR QUE VISITAR	REGIÃO	PÁG.
★	DOM CÂNDIDO	*Vinhedos próprios e tanques pequenos*	Vale dos Vinhedos	146
★	DON GIOVANNI	*Espumantes diferenciados...e vinhos também.*	Bento Gonçalves	122
	DON LAURINDO	*Amor pelo vinho*	Vale dos Vinhedos	148
★	ESTABLECIMIENTO JUANICÓ	*"Três Gerações"*	Montevideo e Canelones	208
	FAMÍLIA GEISSE	*O Reino das Borbulhas*	Bento Gonçalves	124
	FAMILIA IRURTIA	*Um século de vinho*	Colonia e Carmelo	234
★	FILGUEIRA	*A melhor visita técnica*	Montevideo e Canelones	210
★	GARZÓN	*A mais bela do Uruguai*	Atlántida e Punta	258
	H. STAGNARI	*"Aquí sólo hacemos vino"*	Montevideo e Canelones	212
★	KRANZ	*Ocidente e Oriente: o assemblage perfeito*	Santa Catarina	58
★	LARENTIS	*Assemblage de Gerações*	Vale dos Vinhedos	150
	LEONE DI VENEZIA	*Vero Italia*	Santa Catarina	60
★	LIDIO CARRARO	*Vinho e Marketing*	Vale dos Vinhedos	152
	LOS CERROS DE SAN JUAN	*A mais antiga do Uruguai*	Colonia e Carmelo	236
★★	LUIZ ARGENTA	*Vinhos, charme e design*	Flores da Cunha	84
★	MARCO LUIGI	*Vinhos feitos com capricho*	Vale dos Vinhedos	154
★	MARICHAL	*História de família*	Montevideo e Canelones	214
	MILLANTINO	*A Boutique do Vale*	Vale dos Vinhedos	156
★★★	MIOLO	*Cada vez melhor*	Vale dos Vinhedos	158
	MIORANZA	*Vinhos de qualidade ao alcance de todos*	Flores da Cunha	86
	MONTE REALE	*Viticultores desde 1300*	Flores da Cunha	88
★★	NARBONA	*Charme, descanso e vinho*	Colonia e Carmelo	238
★	PETERLONGO	*O único champagne do Brasil*	Garibaldi	178
★	PISANO	*Os alfaiates do vinho*	Montevideo e Canelones	216

ESTRELAS	VINÍCOLA	POR QUE VISITAR	REGIÃO	PÁG.
★★	PIZZATO	*Vinho provado, vinho comprado*	Vale dos Vinhedos	160
★★	PIZZORNO	*Viticultura de Calidad*	Montevideo e Canelones	218
★★★	SALTON	*Sinta-se especial*	Bento Gonçalves	126
★	SALVADOR	*A Bela de Flores*	Flores da Cunha	90
★★	TERRAGNOLO	*A Boutique Valduga*	Vale dos Vinhedos	162
★	VARELA ZARRANZ	*Brancos, Rosados e Espumosos*	Montevideo e Canelones	220
★	VIAPIANA	*Tradição e Modernidade*	Flores da Cunha	92
★★	VILLA FRANCIONI	*O Ícone da Serra*	Santa Catarina	62
★	VILLAGGIO BASSETTI	*Em busca da essência do vinho*	Santa Catarina	64
★★	VILLAGGIO GRANDO	*O paraíso é aqui*	Santa Catarina	66
★	VIÑEDO DE LOS VIENTOS	*Velhas técnicas, novos sabores*	Atlántida e Punta	260
	ZANELLA	*A chácara que virou vinícola*	Flores da Cunha	94

Nº 3 CABERNET FRANC
•2003 P.I. 3309 CLON 327•
FRANCIA